Illustrations : Stan Silas

Maquette et mise en page : Aliénor Atinault
Relecture : Jacqueline Martinez
Fabrication : Isabelle Gaudon

7 bis rue de Montlhéry – 91400 Orsay
ISBN : 978-2-491683-05-4
Loi n°49-956 du 16 juillet 1949 sur les publications
destinées à la jeunesse,
modifiée par la loi n°2011-525 du 17 mai 2011
Imprimé en Lituanie
Dépôt légal : octobre 2021

www.editions-baribal.com

Baribal
ÉDITIONS

AYMERIC JEANSON

RAPHAËL
JOUE PETIT CÔTÉ

CHAPITRE PREMIER

Un rapide coup d'œil, et Raphaël sait d'instinct ce qu'il va tenter. Une évidence, même s'il décide de la garder pour lui. Quelle importance ? Ses coéquipiers sont habitués, le garçon sait qu'ils le suivront comme un seul homme. À quelques mètres de là, le grand Ethan résiste face à deux adversaires au-dessus des joueurs jaunes et gris mêlés au sol. Raphaël ferme les yeux une seconde, le temps de s'emplir les poumons à ras bord. D'abord, il va en avoir besoin… Mais surtout, il savoure à l'avance ce qui va suivre. C'est l'heure d'entrer en scène !

Attaquer, c'est ce que Raphaël préfère. Placer la balle sous son bras, s'élancer pour rompre la ligne de défense. Flairer la faille chez l'adversaire et s'y engouffrer. Peser de tout son poids au moment du contact, et traverser l'équipe adverse comme une lame... Le costaud ouvre grand ses deux mains devant lui pour se préparer à recevoir le ballon. Ses cuisses fléchissent, son corps penché vers l'avant se prépare à la course. D'un geste impatient, il repousse sa mèche blonde. « Grand côté ! » hurle-t-il à Simon, un petit roux qui vient de poser les mains sur la balle. Une manière d'indiquer le sens de l'action à venir, lancée vers la gauche ou vers la droite. Le grand côté, c'est la partie du terrain la plus large. Celle qui offre plus de possibilités. Et celle qui est la plus offerte au regard des spectateurs, aussi. Sa préférée !

Raphaël a l'impression que ses crampons cherchent à le pousser en avant. Les épaules un peu tournées vers le rouquin, il ne regarde plus rien d'autre que le ballon. De toute façon, il a déjà mémorisé la position des joueurs gris face à lui. Et ce qu'il va faire... il le réussirait les yeux fermés. La balle a quitté les mains de Simon, et les muscles du costaud se mettent en action.

Il est déjà lancé quand il la capte et la place sous son bras. Dans son sillage, il peut sentir ses deux coéquipiers les plus proches. Parfait. Une fraction de seconde, le garçon ressent ce plaisir si particulier : pour l'ensemble des joueurs sur le terrain, il est à cet instant précis l'épicentre du jeu. Et il a un temps d'avance sur eux ! Car personne, amis comme adversaires, ne sait encore ce qu'il a en tête...

Justement, un gris monte vers lui. Un peu trop vite, comme Raphaël l'a observé déjà deux fois au cours de la partie. Le blond fait encore un pas, puis plante son pied gauche dans le gazon pour se projeter soudain vers la droite. Pourtant, le défenseur ne mord pas à l'appât. Peu importe, en fait. Fugitivement, un sourire passe sur le visage de l'attaquant. « Perdu, mon gars… » Ces mots, il ne les a pas prononcés, mais son corps se charge de délivrer le message. Allongeant la foulée, Raphaël entreprend de contourner le gris. Dans le même temps, son bras gauche se détend et sa main ouverte se déploie vers son adversaire, se pose sur son torse et le repousse. Et voilà, un modèle de raffut ! Deux pas de plus, et il est passé.

La suite est un jeu d'enfant, dans l'espace laissé libre par le défenseur battu. Le blond accélère encore, puis oriente sa course pour attirer son dernier adversaire vers la ligne de touche. Du coin de l'œil, il a repéré à une dizaine de mètres un coéquipier. La cavalerie, juste à temps. L'attaquant pivote les épaules et lui décoche une superbe passe qui fuse hors de portée du défenseur. L'essai est imparable !

Raphaël suit des yeux la fin de l'action. Tout s'est déroulé comme il l'avait prévu. Et, une fois de plus, c'est à lui que l'on doit cet essai. Pour le public connaisseur, c'est le sien. Une onde de plaisir le traverse de la tête aux pieds, alors qu'il retourne vers sa partie de terrain en petites foulées. « Bien joué Raph ! » Les tapes dans le dos et les sourires admiratifs l'accueillent. Mais le blond préfère recoiffer sa mèche avec modestie. « C'est rien, les gars. Le match est pas terminé ! »

Ethan, l'autre costaud de l'équipe, se replace à côté de lui. Et part dans un petit rire. « Dis donc, t'as mangé du lion, toi ! » Le rose aux joues, Raphaël glisse vers lui un regard brillant. « Et j'ai encore faim ! Qu'est-ce que vous feriez sans moi, hein ? » Le ballon, remis en jeu par les gris, dispense son coéquipier de répondre. Après avoir bondi dans le ciel, il redescend à toute allure vers le gazon. Vers Ethan et Raphaël, justement !

Avec une mine gourmande, le blond recule sans quitter le ballon des yeux et crie « J'aiiiii ! » pour annoncer qu'il se charge de le réceptionner. Justement, encore deux ou trois mètres, et il lui tombera pile dans les bras… Malheureusement, dans son dos, un jaunard ne l'a pas écouté. Le nez en l'air, aimanté par la balle, lui court vers l'avant pour se placer aussi sur sa trajectoire… Patatras ! Les deux garçons se télescopent, chutant lourdement pendant que le ballon rebondit librement sur l'herbe. Sans trop de dommages, heureusement, car les gris commettent aussitôt un en-avant.

Mâchoire crispée, l'air mauvais, Raphaël se relève. Face à lui, son équipier penaud cherche à s'excuser.
– Je suis désolé, je pensais que j'arriverais à…
– T'es sourd ?
– … Non, mais je croyais que…

Sans attendre la suite, le blond plante là le jaunard qui, au bord des larmes, cherche à rester digne. Puis, alors que le jeu va reprendre,

il s'approche de nouveau de lui.
– Au fait, le nouveau, comment tu t'appelles ?
Le garçon se racle la gorge, et tente un sourire.
– Je… François.
– Eh bien, François, écoute-moi bien : tu sers à rien !
Sur cette sentence définitive, Raphaël lui tourne définitivement le dos pour aller se placer.

***

Il fait déjà nuit quand un taxi dépose le garçon devant chez lui. Son sac à l'épaule, il prend le temps de s'étirer comme un chat sur le trottoir. Le porche imposant domine la rue, dégageant une impression de puissance et de richesse. Après avoir farfouillé distraitement dans une poche, il met enfin la main sur la carte électronique qui en commande l'ouverture. Aussitôt, un « clac » sonore déverrouille le battant.
Alors que Raphaël pousse la porte-fenêtre du salon, une exclamation jaillit brusquement de l'un des grands fauteuils de cuir rouge. « Tu te décides à rentrer, finalement ? » D'un geste agacé, le nouveau venu laisse tomber son sac sur le parquet.

– Où est le problème, Caro ? Tu sais bien que j'avais match, comme tous les samedis !
– Hé, tu me crois aussi aveugle que les parents ?
– Pfff… N'importe quoi, ma vieille !

Raphaël soupire, et se baisse pour récupérer ses affaires. Pourtant, quand il relève les yeux, la jeune fille lui barre le passage. Seize ans, une étrange chevelure couleur paille tressée en dreadlocks. Et sous des sourcils froncés, deux grands yeux couleur d'océan en furie, qui se plantent dans les siens.
– J'ai cracké ton portable, mon p'tit loup. Pas terrible, ton mot de passe, d'ailleurs…

Un peu d'hésitation flotte une seconde dans le regard de Raphaël. Est-ce du bluff ? Sa sœur a des doigts de fée en informatique. Ce n'est un secret pour personne que son rêve le plus cher est d'intégrer une école spécialisée. En même temps, comment aurait-elle pu s'introduire dans le smartphone qui n'a pas quitté sa poche ? Un sourire de défi apparaît sur le visage du garçon. Non, décidément, il n'y croit pas.
– Dans tes rêves. Je te le répète, je rentre du tournoi. Tu peux vérifier, on a battu Issoire, cinq essais à zéro !
Caroline le fixe un moment en silence, impassible. Jusqu'à ce que son petit frère s'impatiente.
– Bon, tu me laisses passer, oui ? J'aimerais bien poser mon sac dans ma chambre, si madame veut bien.

Un éclair passe dans les yeux de la jeune fille. Finalement, un très léger sourire étire ses lèvres. En décroisant les bras, elle se détourne pour lui ouvrir le passage.
– Tu n'as pas l'air de comprendre, mon p'tit loup. Alors je vais te poser

la question autrement : à ton avis, qu'est-ce que je pourrais bien découvrir de croustillant en me promenant dans ton portable ?
– Je ne sais pas, moi… Mon meilleur score à Sugar Crush ?
– Très drôle. En tout cas, petit frère, considère que je t'ai prévenu.
Qu'est-ce que cela veut dire ? Raphaël fait un gros effort pour masquer son trouble. Le doute lui serre l'estomac. Cette diablesse aurait-elle réussi à découvrir… ? Sans un regard en arrière, il traverse la pièce vers l'escalier. Il a hâte de retrouver la solitude de sa chambre.

Pourtant, alors qu'il pose le pied sur la première marche, Caroline reprend dans son dos, d'une voix neutre.
– Papa et Maman sortent encore, ce soir. Ils ne repassent pas par la maison avant. Emma nous a préparé un dîner.
– Comme d'habitude, en fait ?
– Comme si ça te gênait… Tu pourras en profiter pour relire tes leçons. J'ai déjà pris mon repas, et ma dissertation pour lundi n'attend pas.

Raphaël se sent soulagé. Au moins, il n'aura pas à subir les insinuations de sa grande sœur. Quant à la manière de s'occuper, il a une petite idée à base de pile de mangas en attente… Oui, il a la faiblesse de préférer la bande dessinée japonaise aux leçons de Mme Roumier !

Le garçon est presque en haut lorsque Caroline, perfide, ajoute depuis le bas des marches :
– Ho hé, mon p'tit loup ?

– Quoi, encore ?

– Profites-en pour changer ton code de sécurité, hein ?

CHAPITRE DEUXIÈME

Deux jours plus tard, affublé d'une chasuble noire et assis dos au mur du gymnase, Raphaël observe deux des équipes de sa classe s'affronter sur le terrain de basket. Le professeur de sport, M. Lépine, encourage les enfants. « Alma, fais ta passe plus vite ! » L'intéressée, plus grande que tous les autres, secoue la tête et décide de tenter plutôt un panier improbable… qu'elle réussit ! « Hum, d'accord, c'est bien aussi… Balle aux roses, à présent ! »

Au moment où le gros ballon orange est passé dans le cerceau de métal, les sourcils du costaud se sont relevés tout seuls. Waouh, joli coup ! Juste un pas de côté, une impulsion et le geste sûr des bras :

Alma ne dépasse pas seulement tous les autres élèves en taille, elle est aussi très adroite. Songeur, Raphaël se laisse aller à imaginer ce que pourrait donner ce genre de talent dans son monde à lui, sur un terrain de rugby… Un sens de la passe à mettre au service des autres, un gabarit lui permettant de fixer l'attention des défenseurs, et donc de laisser du champ libre à ses équipiers… Idée absurde, bien sûr. N'en déplaise à Caroline, ce n'est pas pour rien qu'il n'a jamais côtoyé de filles à l'école de rugby de l'ASM !

Pourtant, alors que cette idée tourne dans son esprit, le garçon ressent une curieuse impression. Il lui faut un peu de temps pour analyser ce qu'il ressent, alors qu'Alexis intercepte une passe ratée. Si étrange que cela paraisse, ce qui vrille légèrement les entrailles du costaud ressemble à… à de l'appréhension. C'est comme si une petite voix lui assurait qu'Alma serait bien capable de le battre sur son propre terrain. C'est si ridicule qu'il tente de chasser cette impression désagréable, et de la manière la plus facile qui soit. Raphaël se penche vers Zacharie, assis à côté de lui. « Tu as vu le muet ? Aucun mérite, il est tellement minus qu'il est plus près du sol que les autres ! » Alexis, nouveau dans la classe, a en effet perdu l'usage de la parole… Le grand ébouriffé à côté du blond s'esclaffe bruyamment, s'attirant un regard réprobateur de M. Lépine. Le professeur n'est pas dupe du genre de commentaires échangés par les deux compères.

Raphaël se met à rire tout bas, sa manière de se moquer de lui-même. Il joue au rugby depuis ses trois ans ! Et d'ailleurs il le sait, il a ça dans le sang. Un jour, il sera joueur professionnel. Il portera le maillot jaune de l'ASM sur le rectangle vert surchauffé du Michelin, sous les acclamations des supporters. Ce n'est pas seulement un objectif, c'est une certitude. Son chemin est tout tracé. N'est-il pas, et de loin, le meilleur joueur de son équipe ? Alma, elle, ne connaît rien au rugby. Et puis, elle ne sait même pas que ce sport existe…

Un coup de sifflet strident interrompt la course de ses pensées. « Les noirs, en piste ! » Le costaud lance un coup de coude à Zacharie en ricanant puis saute sur ses pieds. « Amène-toi, Zac ! On va leur donner une leçon de basket ! » Les enfants se rassemblent sous le panier pendant que M. Lépine rappelle rapidement les règles. C'est le dernier match de la séance avant le retour aux vestiaires. « Pour cette finale, les deux meilleures équipes vont s'affronter. Les noirs et les bleus ! » L'équipe d'Alma, bien sûr…

Dès l'engagement, la jeune fille capte le ballon au terme de l'entre-deux. Avec agilité, elle le transmet aux bleus répartis autour d'elle. Qui progressent inexorablement vers le panier. Rien à faire, Zacharie a beau courir comme un lévrier, il arrive toujours une fraction de seconde après la balle. Raphaël lui-même, qui cherche à anticiper, ne peut que reculer en grognant. « C'est nul, cette façon de jouer… Ils ne prennent aucun risque ! » En attendant, les bleus entrent dans la raquette et, grâce à une Alma décidément indispensable, marquent un premier panier.

Le costaud, d'autorité, se saisit du ballon. « Je m'en occupe », lâche-t-il laconiquement aux noirs. Et il part en trombe en faisant rebondir la balle devant lui. S'il parvient à contourner le bloc défensif, il pourra... Soudain, alors qu'il se prépare à dribbler, une grande main fine lui subtilise le ballon. Et, dans le même mouvement, l'expédie hors de sa portée vers un bleu. Alma a encore frappé ! Raphaël se fige une seconde. La colère qu'il ressent, attisée par la frustration, est en train de se muer en fureur.

D'une brusque impulsion des jambes, le garçon se projette vers le porteur de balle bleu à quelques pas de lui. Une course d'approche qui, aux yeux attentifs de M. Lépine, ressemble plus à celle d'un plaqueur qu'à celle d'un joueur de basket. « Atten... » Trop tard, le cri du professeur est inutile. Pour la forme, le blond s'est relevé au dernier moment. Mais son épaule propulse son adversaire au sol comme un vulgaire sac de patates. C'est une fille, Esther. Et sa tête vient de cogner durement contre le revêtement ! Sur le terrain, tous les joueurs se sont figés d'instinct, et M. Lépine s'est élancé vers l'enfant qui, un peu sonnée, cherche à se relever.

Entre-temps, Raphaël s'est emparé de la balle et dribble tout seul jusqu'au panier déserté. Quand le ballon fait trembler le filet, il émet un petit sifflement victorieux. « Et hop ! Deux partout ! » Pourtant, quand il se retourne, son sourire se fige. Alma se tient juste devant lui, mains sur les hanches.

– Dis-moi que tu n'es pas complètement débile, Raphaël.
– Allez, sois pas jalouse. Y a pas que toi qui sais marquer des paniers, c'est pas un drame !
– Rien à voir, imbécile. Et puis jalouse de quoi ? De ta manière de charger comme un buffle pour voler le ballon ? Non merci.
– Tu peux dire ce que tu veux. N'empêche que j'ai gagné le ballon à la loyale. Et qu'ensuite j'ai marqué tout seul. Tant que l'arbitre ne siffle pas, le jeu continue !

Alma s'apprête à répondre quelque chose, mais l'ombre de M. Lépine les interrompt. Le temps de se rassurer au sujet de l'état d'Esther, ce dernier les a rejoints. Et le moins que l'on puisse dire, c'est que le professeur lutte pour garder le contrôle de ses nerfs. Raphaël remarque le mouvement incontrôlé de sa paupière droite. Aïe, avis de tempête… « Raphaël, mais qu'est-ce qui a bien pu te passer par la tête ? Tu t'es cru sur un terrain de rugby ? Ici, c'est un gymnase, au cas où tu ne l'aurais pas remarqué. Et la balle est ronde ! » L'écho de la colère du professeur rebondit sur les murs. Face à lui, le costaud cherche à sauver la face. L'air détaché, il fait ostensiblement tourner dans ses mains le ballon de basket. Et il attend que M. Lépine respire pour lui couper la parole : « Mais j'ai rien fait de mal, m'sieur. D'accord, je l'ai touchée avec l'épaule. Mais j'y peux rien si elle est plus petite que moi… Et puis elle a lâché la balle, non ? » Raphaël fixe l'adulte droit dans les yeux de l'air le plus innocent du monde. Et, à ce moment, réalise le geste de trop : recoiffer sa mèche.

Le regard de M. Lépine a viré au gris foncé. Sa voix siffle un peu quand il abrège l'échange : « Sors de mon cours. Tu files au vestiaire avant les autres. Et, tant que tu n'es pas prêt à t'excuser auprès d'Esther, tu ne remettras pas les pieds ici. »
Raphaël hausse les épaules avec insolence et tourne les talons sans rien ajouter. En guise de dernière provocation, un sourire aux lèvres, il adresse un clin d'œil à Alma et se dirige vers la porte. Cependant, dès qu'il est sorti, le masque tombe. Le priver de sport, lui ! Quelle infamie… M. Lépine n'en est peut-être pas conscient, mais il est impossible de lui infliger une punition plus cruelle ! En même temps, il ne se voit pas une seconde aller se mettre à genoux devant cette chochotte d'Esther. Quand même, quel cinéma ! Alors qu'il l'a à peine effleurée…

Quand le costaud entre dans le silence du vestiaire, l'image d'Alma revient brusquement devant ses yeux. Et avec elle, le même frémissement intérieur. Le garçon serre les poings et ferme les yeux, mais rien n'y fait. Tout ça, c'est de sa faute à elle… Alors il flanque un énorme coup de pied dans le sac de sport devant lui, dont les affaires s'envolent dans toutes les directions. Aucune importance, ce n'est pas le sien.

***

Le lendemain, Raphaël se dit que la vie cherche à se faire pardonner. D'abord parce que, assis à la cantine, il déguste son plat préféré, un hachis Parmentier. Mais surtout parce que, face à lui, Maxime lui raconte par le menu le week-end de ses deux grands frères.

Pas à dire, c'est autrement plus palpitant que ce qu'a vécu le costaud sur le terrain le samedi précédent. La raison en est simple : les grands frères de son ami jouent eux aussi sous le maillot des jaunards. Mais ils font partie de l'équipe espoir, celle des futurs professionnels ! Il n'en faut pas beaucoup plus pour que Raphaël, les yeux brillants, boive littéralement les paroles de son ami. Et pour cause : pour un peu, il a déjà l'impression d'y être, lui aussi !

Oyonnax, les noires collines de résineux, le stade Charles-Mathon… En plus, Maxime a un vrai talent pour raconter les histoires ! « Ils ont gagné, mais de justesse. Liam a passé tout le déjeuner de dimanche à nous expliquer que les gars d'en face étaient des bûcherons, plus durs au contact que le bois qu'ils devaient couper dans la forêt pendant la semaine. » Raphaël n'en perd pas une miette. Il hume l'odeur de la pelouse, ressent la tension des joueurs entrant sur un terrain qui n'est pas le leur. Devant un public respectueux, mais acquis à l'adversaire. Une sorte de courant électrique circule dans les muscles du blond. À l'instant, il donnerait tout pour entrer sur le pré, lui aussi !

Envoûté, le garçon l'est d'ailleurs tellement qu'il ne remarque pas, à l'autre bout de la table, la présence d'Alexis. Le petit muet semble manifestement très intéressé lui aussi par ce que raconte Maxime…

Raphaël l'interrompt : « Moi, je les trouve aussi impressionnants l'un que l'autre, tes jumeaux de grands frères. On a de la chance d'avoir Fred comme éducateur, à l'école de rugby. Les espoirs de l'ASM qui entraînent, ça ne court pas les rues ! » La sincérité du costaud est évidente. Il éprouve une admiration sans borne pour son coach, l'ouvreur de l'équipe espoir. D'ailleurs, même si Raphaël ne l'a jamais avoué à personne, il rêve régulièrement que Fred est son grand frère à lui…

Une chose quand même continue d'étonner le blond. « Tu vis sous le même toit que deux futurs pros de l'ASM ! Et toi, tu persistes à refuser de chausser des crampons et à dire… » Mais Maxime le coupe en rigolant. Non, décidément, le rugby, non merci. Il aime trop ses collections d'insectes et ses recettes de cuisine ! Pourtant, Raphaël mettrait bien sa main à couper que le garçon ne lui dit pas tout... Mais bon, pourquoi insister et risquer de le vexer ?

Les deux copains continuent de plaisanter, alors qu'Alexis se lève enfin pour aller placer son plateau sur le chariot de vaisselle.

CHAPITRE TROISIÈME

L'établissement se remplit de nouveau, en ce début d'après-midi. Dans quelques minutes, la sonnerie donnera le signal des cours de l'après-midi. Et, tout en rangeant son manga dans son sac, Raphaël rumine encore la colère mal éteinte qui l'anime depuis quelque temps contre Alma. Il faut dire que la jeune fille commence à lui taper sérieusement sur le système… À commencer par sa tendance à jouer les Zorro ! En témoigne cet épisode, quelques jours plus tôt, qui a bien failli coûter cher à la cote de popularité du garçon…

Avec Zac, ils ricanaient dans le dos d'Alexis. Rien de bien méchant : sa manie de garder sa capuche de sweat tout le temps, les airs qu'il se donne… Son compère riait à gorge déployée, comme d'habitude. Alors Raphaël faisait juste un peu de surenchère. Du moins jusqu'à ce que Super Alma débarque, avec sa petite bouche pincée de première de la classe, pour leur faire la morale. De quoi mettre le costaud sacrément en rogne ! Naturellement, l'échange s'était un peu tendu, attirant peu à peu l'attention d'autres élèves. Et, devant ce public curieux, Alma n'avait rien trouvé de mieux que le traiter d'abruti prétentieux tout en suggérant qu'il valait mieux que ça.

À ce moment précis, le costaud se souvient qu'une odeur de roussi avait commencé à lui chatouiller les narines. Car la justicière venait de faire mouche. Surtout, à regarder les sourires alentour, les rieurs avaient brusquement changé de camp. Alors pourquoi tenter de défendre l'indéfendable ? Alma était parvenue à leur donner le mauvais rôle. Et même Zac avait cessé de s'esclaffer comme un phoque. Alors ne restait plus qu'à amener le pavillon sans trop se déshonorer, ce que Raphaël avait tenté de faire. Une retraite à peu près honorable, assortie de l'impression de l'avoir échappé belle. Non sans se promettre pourtant de lui faire payer cette humiliation au centuple ! Raphaël en tremble encore…

Pour l'heure, avide de se changer les idées, il avise Maxime, plongé quelques mètres plus loin dans la lecture d'un magazine de cuisine. Quelle drôle d'occupation, tout de même… Sans attendre, le costaud lui tape sur l'épaule : « Oh, camarade, on sort juste de table ! Tu peux oublier tes recettes cinq minutes ? » Sans transition, le blond décide de lui partager la dernière torture inventée par son grand frère à l'entraînement : « Tu te rends compte ? Dès que la balle est en jeu, on court le plus vite possible… » Pourtant, Maxime paraît distrait et son regard quitte son interlocuteur. Le costaud se retourne pour découvrir face à lui Alma, qui écoute de toutes ses oreilles. Sans laisser paraître sa surprise, il achève son explication : « Sauf qu'on ne part pas en escalier. Alors ça oblige à envoyer vraiment du gaz pour rattraper le porteur du ballon ! »

Et c'est alors que la jeune fille, naïvement, l'interrompt. « Ça veut dire quoi, "en escalier" ? » Une idée tentante traverse l'esprit de Raphaël. Et si c'était l'occasion qu'il attendait ? Un court instant, il réfléchit. Il pourrait faire d'une pierre deux coups : se venger de l'humiliation qu'elle lui a fait subir, et s'assurer qu'elle ne mettra jamais les pieds sur un terrain de rugby…

Le blond lui adresse donc un grand sourire, avant de passer à l'attaque. « Écoute, Alma, je t'apprends rien : t'es une fille. Là, avec Maxime, on est en train de parler rugby. » Pour bien préparer la suite, Raphaël se donne le temps de respirer : « Donc n'essaie même pas, tu ne pourrais pas comprendre. Regarde, est-ce que j'ai déjà essayé de te parler chiffons, moi ? » La dernière pique surtout fait l'effet d'un uppercut foudroyant. La jeune fille pâlit, ouvre la bouche… mais ne répond rien. Elle est K.O. debout ! Finalement, après quelques secondes interminables, elle leur tourne le dos et s'élance vers la classe.

Bizarrement, Raphaël ne ressent aucune joie. Sa manœuvre a brillamment réussi, pourtant il ne se sent pas fier. Une victoire au goût de sang, comme s'il s'était frappé lui-même... Une énorme claque dans le dos le déséquilibre presque. C'est Maxime, furieux : « Mais t'es vraiment crétin, parfois ! » Sous les yeux écarquillés du costaud, son camarade s'est élancé pour rattraper Alma. Et, à ce moment précis, le caïd acquiert la certitude qu'il vient de faire une grosse bêtise.

***

Le lendemain, le réveil est difficile. La nuit a été courte, les cauchemars ont harcelé Raphaël. Celui notamment où il entre dans le chaudron du Michelin, la tunique de l'ASM sur le dos, face à une grosse écurie de Top 14. Le cœur dilaté, l'esprit en ébullition, il s'apprête à jouer son premier match professionnel. Mais, à son grand désarroi, impossible d'attraper le ballon ou de plaquer ! Comme dans un jeu vidéo, il évolue en mode ghost. Épouvanté, le garçon s'épuise à courir, essayer et essayer encore... En vain. Le rêve se termine au moment où, au terme de sa prestation minable, Fred, le capitaine de l'ASM, le propulse sans ménagement vers le tunnel d'accès aux vestiaires. Horrible...

En retard, Raphaël se présente en classe bon dernier. Mme Roumier, sans s'interrompre pour si peu, lui indique sa place d'un geste. Le garçon s'y glisse sans demander son reste. « Le subjonctif est un mode, comme l'indicatif. Il permet d'évoquer une action qui n'a pas eu lieu, ou pas encore. Et du coup, parfois, de montrer qu'on doute de quelque chose. » Après sa mauvaise nuit, et malgré tous ses efforts, les yeux du costaud se ferment lentement. À croire qu'il a vraiment joué son match-cauchemar, en fait…

« Raphaël, avant de te rendormir, donnerais-tu un exemple à tes camarades ? » Toutes les têtes se tournent vers lui. L'intéressé se redresse et, pour se donner une contenance, prend le temps de remettre en place sa mèche. « Bien sûr, madame. Euh… "Je ne pense pas que la grammaire ait le moindre intérêt" ? » L'expression qui envahit le visage de Mme Roumier est éloquente : elle ne goûte pas du tout le ton insolent de la réponse. Mais sa justesse protège le malotru : « Exemple correct, contenu discutable », se borne-t-elle à déclarer sèchement, avant de se retourner pour écrire la leçon au tableau. Un hoquet moqueur survole la classe depuis le bureau de Zacharie, les élèves échangent des regards amusés. Et le cours se poursuit sans autre incident.

Plus tard, dans la cour, le garçon s'isole pour réfléchir. Il a changé deux fois les codes de son smartphone, mais le doute l'habite encore. Caroline est-elle capable de s'introduire dedans ? Si elle l'a déjà fait, aucune raison de penser qu'elle n'y parviendra pas de nouveau. Dans ce cas, elle va découvrir son secret… Et sans aucun doute le dénoncer à leurs parents. Pour quelle raison se refuserait-elle ce petit plaisir ? À sa place, en tout cas, il n'hésiterait pas ! Cela dit, quel indice dans le téléphone lui ferait découvrir le pot aux roses ? Sa liste de contacts n'est pas un problème. Ni son historique de messages ou d'Internet, les informations pouvant le trahir étant noyées dans la masse. En revanche…

Raphaël s'immobilise, comme frappé par la foudre. Le temps d'apprivoiser cette nouvelle idée, le doute laisse place à la certitude. L'application taxi, bien sûr ! À défaut d'avoir déjà compris pourquoi, Caroline sait qu'il fait deux fois par semaine un détour dont il n'a parlé à personne. Et surtout pas à leurs parents… Tellement absents qu'ils sont de toute façon incapables de vérifier quelque chose par eux-mêmes. Mais si sa grande sœur leur fournit le tout sur un plateau… Machinalement, le garçon se remet à marcher en rond dans la cour. Tellement absorbé que, pour une fois, il ne pense plus à recoiffer les cheveux qui lui tombent dans les yeux.

***

« Alors, c'est pour quand le serre-tête ? » Depuis son banc, Ethan fixe Raphaël en rigolant de bon cœur. Ils sont les derniers dans le vestiaire ce lundi soir, les autres sont déjà sortis s'échauffer sur le terrain des Gravanches. Encore une paire de chaussettes à enfiler avant ses crampons, et à son tour le blond pourra les rejoindre…

Ça tombe bien, il a furieusement besoin de se changer les idées. Est-ce la conséquence de la discussion avec Alma, de la bouderie de Maxime ou de la curiosité mal placée de Caroline ? En ce moment, le costaud a l'impression un peu désespérante que les choses lui échappent. La terre tourne sans lui, et il ne parvient pas à reprendre la main. Au fond, il sait qu'il est allé trop loin. Ce qu'il a dit à Alma, il ne le pense pas vraiment. Et pour cause : Caroline joue sous le maillot jaune elle aussi, dans l'équipe féminine de l'ASM Romagnat ! Malgré leurs coups de griffes réciproques, il voit combien ce sport est important pour elle. Alors bien sûr que le rugby est aussi un sport de filles !

La grande carcasse d'Ethan s'encadre dans la découpe de la porte : « Oh, Raph ! Tu te transformes en statue, ou quoi ? » L'intéressé se secoue et achève de passer sa deuxième chaussette. « Désolé. J'arrive ! » Bruits des crampons dans le couloir, puis silence. Pas désagréable, quand on a la tête aussi pleine... Soudain, le garçon dresse l'oreille. La porte de dehors vient de claquer, sans doute sur un retardataire.

Le temps de lacer sa première chaussure, et Raphaël relève la tête pile au moment où un visage inattendu apparaît. Perplexe, le blond suspend malgré lui son geste. « Mais... mais qu'est-ce que tu fais là ? » Devant lui, glissant sous sa capuche un regard incertain vers la profondeur du vestiaire, Alexis tient un sac de sport tout neuf à la main. « Tu viens jouer au rugby ? » Le petit brun, bien sûr, ne répond pas. Puis, après une hésitation, va s'assoir à l'autre bout de la pièce.

Quelques secondes plus tard, le costaud se lève de son banc. Comme s'il était seul, il s'étire puis commence des mouvements de rotation des épaules. Lentement d'abord, puis de plus en plus vite. De l'autre côté du vestiaire, Alexis l'observe du coin de l'œil. Finalement, Raphaël expulse bruyamment l'air de ses poumons. Sans un mot pour le nouveau, il quitte la pièce… et repasse la tête une seconde plus tard, avec un sourire gourmand : « À tout de suite, mon lapin ! »

Comme le froid de l'automne s'installe, Fred porte jusque sur les yeux un bonnet floqué aux couleurs de l'ASM. L'entraîneur reproche gentiment son retard à Raphaël et l'envoie courir seul dans l'en-but. Avant de s'exécuter, le garçon lui adresse un salut militaire : « À vos ordres, Capt'aine Crochet ! » Six largeurs de terrain plus tard, il se rapproche des ateliers animés par les éducateurs. Et focalise enfin toute son attention sur ce qu'on va lui demander.

Une heure plus tard, le costaud aperçoit de nouveau Alexis. Le petit s'acharne à tenter de renverser un sac de plaquage, une espèce de boudin plus haut que lui, lourd et rembourré. Pourtant, malgré les conseils de l'éducateur, il n'y parvient pas. Un moustique qui se cogne contre une vitre, c'est l'image qui se présente à l'esprit de Raphaël. Pathétique… Malgré la vitesse, sa masse ne lui permet pas de réussir l'exercice. Bien sûr, et c'est normal, il manque aussi de technique. Cependant, sans rechigner, il réessaie. Explications, échec, explications, échec… Jusqu'à ce que, tout à coup, l'énorme cylindre de tissu lesté bascule au ralenti.

Surpris, le costaud en oublie la blague qu'il s'apprêtait à lancer à la cantonade. Car, alors qu'il se relève, il croise le regard d'Alexis. Et le feu qu'il y découvre, cette énergie liquide… ça, il respecte. Certes, le petit a tout à apprendre, mais en voilà un qui n'est pas venu pour faire semblant. Peut-être qu'en conditions réelles aussi, il se montrera courageux ?

Lors de l'opposition de fin d'entraînement, Raphaël se retrouve dans la même équipe que son camarade de classe. Il découvre, étonné, une qualité d'écoute et d'adaptation qui produisent déjà leur effet : le placement n'est pas parfait, les gestes grossiers ; mais, il le sent, Alexis commence déjà à percevoir le sens du jeu, ce courant invisible dans lequel se coulent les bons joueurs. Et puis il n'a pas peur. À un moment, le petit brun fait face à Ethan… et plonge vaillamment dans ses genoux, comme un instant plus tôt sur le boudin. Même si son adversaire, qui n'est pas né de la dernière pluie, esquive d'un pas de côté, le muet a tenté de plaquer sans se défiler !

À la fin du petit match, lorsque les enfants se saluent, il n'y a aucune ironie dans la main que Raphaël tend à Alexis. Et, des deux, c'est le blond qui s'en montre le plus surpris.

CHAPITRE QUATRIÈME

Une fois n'est pas coutume, à la sortie du vestiaire, Raphaël demande au taxi de le ramener directement chez lui. En écoutant distraitement l'air de chanson française diffusé par la radio, le garçon se laisse aller sur la banquette de cuir. Il tourne et retourne dans sa tête la surprise de la soirée. Alexis au rugby… Rien ne lui aurait paru plus absurde quelques heures plus tôt. Et pourtant, le voici convaincu. Comment est-ce possible ?

Le costaud risque un regard par la vitre arrière. Les lumières des lampadaires s'allument une à une, faisant apparaître une guirlande suspendue le long du boulevard. Chaque ampoule, dans le prolon-

gement de la précédente, provoque cet effet étrange, un peu hypnotique, de serpent lumineux... En le regardant, une pensée curieuse se forme lentement. La dispute avec Alma, le jeu du chat et de la souris avec Caroline, la vexation de Maxime : autant d'événements imprévus dont les conséquences le dépassent. Et, il le sent bien, autant de secousses qui auront des conséquences. Et si, pour les anticiper, il cherchait lui aussi à aligner ses problèmes ? À les relier pour leur donner un sens ?
« Et voilà, monsieur ! » Le chauffeur de taxi freine doucement le long du trottoir. « Comme d'habitude ? Je mets la course sur le compte de vos parents ? » Raphaël acquiesce. En un éclair, il prend conscience que l'idée vient de se transformer en décision. Il va faire ce qu'il peut pour aligner les lanternes, les siennes. Et ça commence par... Le garçon remercie, puis s'extrait du véhicule. Enfin, à grands pas décidés, il se dirige vers le porche.

C'est devant la table de la cuisine qu'il trouve Caroline, un verre de soda et son téléphone posés devant elle. En le voyant entrer, elle jette instinctivement un œil vers l'horloge électronique du four. « Déjà ? » Sa sœur a l'air sincèrement étonnée. Raphaël tire un tabouret, et s'installe face à elle. Un bref instant, il garde le silence. Une grande inspiration, puis... « Caro, est-ce que je peux te confier mon secret ? »
Le sourire intrigué qui suit, le garçon le prend pour un encouragement. Évidemment, les belles phrases qu'il a préparées en traversant le jardin se sont évaporées...

– C'est pas facile pour moi de...
– Tu pourrais commencer par me dire si j'ai raison de m'inquiéter pour toi depuis des semaines, par exemple...
– Désolé, je crois que j'ai fait les choses à l'envers. En fait, ça fait à peu près six mois que...
– Que tu te drogues ? Que tu rackettes des CP à l'école ? Ou que tu joues dans un groupe de métal gothique ?
Il faut une seconde à Raphaël interdit pour apercevoir l'éclair de malice dans les yeux de Caroline. Ouf, elle plaisante. Encore que...
– Non, rien d'aussi rock'n'roll. Mais j'ai profité de l'abonnement taxi que Maman a mis en place quand elle a arrêté de m'accompagner à mes entraînements.
– J'avais compris. Mais qu'est-ce que tu peux bien aller faire là-bas, enfin ?
– En fait, c'est... Les Cézeaux, c'est le seul stade ouvert que j'ai trouvé où je puisse profiter des lumières pour aller taper des coups de pied. Alors, les lundi et mercredi en rentrant de l'entraînement, je demande au taxi de m'attendre et j'y passe un moment.

Au tour de la jeune fille de le regarder d'un drôle d'air. Manifestement, elle avait envisagé beaucoup d'hypothèses, mais pas celle-ci ! Songeuse, elle entame son habituel petit mouvement latéral du menton. Finalement, Caroline tend vers son petit frère un index hésitant.
– Attends, tu veux me faire croire que tu as pris le risque de voler et mentir à toute la famille juste pour...

– Tu crois que Maman m'aurait permis de le faire ? Après l'entraînement, impossible de rester aux Gravanches. On doit laisser la place aux grands. Et moi, je fais comment pour progresser ?
– Mais… mais tu n'as que dix ans ! Je sais que tu as le rugby dans les tripes, comme moi. Mais tu as la vie devant toi pour ça, non ?
Raphaël secoue doucement la tête. Il n'en veut pas à Caroline de ne pas comprendre. Alors, d'une voix douce, il essaye de lui expliquer.
– Quand je serai professionnel, je devrai maîtriser le jeu au pied à la perfection. Et pas que pour déplacer le jeu. Pénalités, drops, rasants… Mais on ne les travaille pas encore, avec Fred ! Alors…
– … Alors tu fais le nécessaire pour apprendre tout seul. Même si ça implique de braquer la banque et de te mettre en danger. Tu imagines le nombre de tarés qui traînent peut-être le soir autour des Cézeaux ?
Pas de trace de moquerie. La jeune fille réfléchit encore un instant en silence, et le garçon observe son menton reprendre son petit mouvement. Ce n'est pas le moment de lui rappeler que, dans ces moments-là, elle lui fait penser à un dromadaire… Soudain, Caroline se met à siffler doucement.
– Bon… j'aime mieux ça. Et puis tu as de la chance, les parents ne se doutent encore de rien. Et notre cuisinière bien-aimée non plus !
– Au début de l'année, j'ai donné un faux horaire à Emma pour qu'elle ne s'étonne pas que je rentre tard. Et puis je me suis vite rendu compte que…
– … que Papa et Maman n'auraient jamais l'idée d'aller vérifier l'historique du compte de taxi. Bien vu, petit frère !
Avec un petit rire admiratif, Caroline lampe les dernières gouttes de

soda dans son verre. Raphaël se détend, l'angoisse desserre peu à peu son étreinte autour de ses poumons. Il en profite pour se servir un grand verre d'eau. Parce qu'il reste encore une question essentielle... qui n'a pas échappé à la jeune fille.

– Bon, pourquoi viens-tu me raconter tout ça ce soir ? Qu'est-ce que tu attends de moi ?
– De toute façon, tu avais déjà percé une partie du secret. Alors j'ai préféré prendre les devants. Et puis c'est ma manière d'aligner les lanternes...
– Ta manière de... quoi ?
Le garçon s'autorise un sourire de sphinx.
– Laisse tomber. Au lieu de fuir, j'essaie d'affronter mes soucis. Vois ça comme une nouvelle méthode. Je verrai bien si ça fait ses preuves...
– En tout cas, c'est courageux. Je suis fière de toi.
Un peu désarçonné, Raphaël cherche à masquer son trouble en se recoiffant. Jamais sa sœur ne lui a parlé comme cela. D'ailleurs, elle se lève pour ranger son verre dans le lave-vaisselle.
– Alors, tu vas en parler aux parents ?

Une main perdue dans ses dreadlocks, l'autre dans la poche de son jeans, Caroline semble indécise. Finalement, elle fait la moue : « Je ne crois pas, non. De toute façon, ça changerait quoi ? Quelque chose me dit que tu trouverais une autre astuce pour arriver à tes fins... » Sa voix devient plus grave quand elle enchaîne : « Mais tu dois quand même me promettre à partir de maintenant de rentrer après l'entraînement. À dix ans, tu ne peux pas traîner au stade tout seul le soir ! » Il s'y attendait, pourtant le coup est rude pour Raphaël. Maintenant qu'il s'est livré, il doit respecter l'avis de Caroline. Et, même si c'est douloureux, il comprend bien qu'elle a raison. D'ailleurs, sa sœur reprend : « Il faut que je réfléchisse un peu, je vais te trouver une solution. Tu me laisses un peu de temps ? Mais je compte sur toi, plus de détour. D'accord ? Deal ? »

Le costaud, d'un signe de tête, accepte le marché. Elle lui ébouriffe affectueusement les cheveux pour sceller l'accord. Puis elle se tourne vers la porte. « Bon, faut que je file. Bonne soirée, mon p'tit loup ! » Deux pas plus loin, quand elle se retourne, ses yeux pétillent plus que jamais :
– Ah, et au fait : tu peux arrêter de changer le mot de passe de ton portable.
– Ben tiens… Et pourquoi ?
– Parce que je n'ai jamais cassé ton code, gros malin.
Un sourcil en l'air, Raphaël ne comprend plus rien.
– Mais… mais comment tu as eu accès à mon historique taxi, alors ?
– Je n'y ai jamais eu accès…
Soudain, elle explose de rire. Puis, avant de s'échapper, effectue devant son frère abasourdi une merveille de révérence.
– … J'ai bluffé ! Meilleure joueuse de poker du mooooooonde !

Médusé, Raphaël fixe bêtement son verre devant lui. À sa plus grande surprise, au lieu d'une fureur légitime, il ne peut s'empêcher de ressentir de l'admiration pour sa sœur. Et un grand sourire s'impose sur son visage.

CHAPITRE CINQUIÈME

Étonnant comme une semaine peut sembler longue ! Une véritable éternité… Vendredi après-midi, et toujours pas de nouvelles de Caroline. Comme Raphaël a sa fierté, il ravale la tentation de lui courir après. En attendant, il passe plutôt ses nerfs sur sa manette de jeux vidéo. Sur l'écran, au moins, il est déjà passé professionnel. Champion du monde avec les All Blacks et l'équipe de France, il ne compte plus les boucliers de Brennus conquis sous la tunique de l'ASM. Avec lui, la prétendue malédiction des finales perdues n'existe pas…

Pour l'heure, ses doigts dansent sur les boutons alors qu'il s'apprête à jouer une touche dans les vingt-deux mètres du Stade Toulousain…

Soudain, la porte de sa tanière s'ouvre à moitié : « Bonjour, mon chéri ! » C'est sa mère, qui manifestement se souvient encore qu'il existe. Le garçon lui jette un regard de côté, avant de revenir au combat face à lui. « Je me demandais si tu m'accompagnerais faire quelques courses pour le week-end ? On se réjouit beaucoup, Papa et moi, de passer enfin un peu de temps avec vous deux après cette semaine de fous ! »

Intérieurement, le costaud balance. Il est sensible à cette proposition un peu maladroite. Pourtant, une fois encore, le ressentiment prend le dessus. Parce que sa mère se décide enfin à arrêter de travailler, il devrait se mettre aussitôt à sa disposition ? L'impression douloureuse qu'il ressent, c'est celle d'être un objet : « Désolé, j'allais me mettre à mon contrôle d'histoire pour lundi. Et j'aimerais vraiment avoir terminé ce soir ! » Un mensonge adroit : Raphaël sait que sa mère n'osera jamais le dissuader de travailler. « Bien sûr, mon grand. Tu as raison, excuse-moi. Bon... Eh bien à tout à l'heure pour le dîner ? » Le garçon essaie de ne pas entendre l'accent de regret dans sa voix. De toute façon, se répète-t-il pour se réconforter, elle n'a que ce qu'elle mérite !

Au même moment, à l'écran, le numéro 7 de l'ASM échappe le ballon. Finalement, on dirait que le Stade Toulousain va pouvoir se sortir de ce mauvais pas...

***

Même endroit, quelques jours plus tard. Immobile, Raphaël contemple la trace sur le mur. Celle qu'il a faite tout à l'heure, quand il est rentré de l'entraînement. Il n'a pas pu s'en empêcher, c'était plus fort que lui. Un coup de poing qui a laissé dans le plâtre une empreinte profonde. En écho, il sent la douleur pulser doucement depuis ses phalanges meurtries.

Ici, dans sa tanière, il peut se repasser une dernière fois le film de cette soirée à oublier. L'entraînement s'est pourtant déroulé comme sur des roulettes. Le garçon a brillé, dans les ateliers comme dans le jeu. Il a senti le regard de Fred peser sur lui, écouté avec attention ses conseils. Et, comme d'habitude, utilisé autant que possible ses coéquipiers pour exposer toute la palette de ses talents… À ce souvenir, son visage se détend un peu. Pas longtemps, car revient aussitôt la question qui le torture : et elle, que faisait-elle là ?

Alma, bien sûr. L'apparition d'Alexis, déjà, était étrange ; mais à présent, elle ?! Elle le ridiculise à l'école et vient en plus le concurrencer sur son propre terrain… Le garçon serre les mâchoires. Mais qu'est-ce qu'elle cherche, à la fin ? Qu'elle continue plutôt de jouer la bêcheuse et de répondre la première aux questions de Mme Roumier ! Et qu'elle le laisse jouer comme il l'entend. Il soupire en repensant au meilleur moment de la soirée : quand Ethan l'a plaquée plein fer dans les côtes… Peine perdue, Alma s'est relevée !

Le pire, c'est que le garçon sait qu'il a une sérieuse part de responsabilité dans ce qui arrive. S'il ne l'avait pas humiliée quelques jours plus tôt... elle n'aurait pas passé le pas de l'inscription, il en est certain. À ce souvenir, le garçon se retient de faire un deuxième trou dans le mur. Il regrette sincèrement d'avoir été si blessant avec Alma. Maxime a raison : il peut vraiment se comporter en crétin de première, parfois... Et maintenant, elle fait partie de l'équipe ! Cela dit, si elle persévère, elle finira par rejoindre Caroline et les féminines de l'ASM Romagnat. Et lui, au même moment, ne sera plus très loin de l'équipe espoir du club. À cette idée, une vague de chaleur se diffuse dans tout son corps. Les espoirs, enfin... Sa vocation, son destin !

Malheureusement, la sensation disparaît comme elle est venue, le laissant aussi vide qu'avant. Une évidence se matérialise néanmoins dans son esprit : sur le terrain, il n'y a pas de place pour une guerre avec Alma. Ils doivent unir leurs forces pour faire gagner l'équipe. En dehors, en revanche... On verra bien. Et puis, peut-être se découragera-t-elle ?

À cette idée, le garçon se sent un peu mieux. Il en profite pour sortir de son sac de classe son cahier de maths. Avec un peu de chance, il aura terminé ses exercices avant que Caroline ne l'appelle pour le dîner... Sourcils froncés, il plonge dans les divisions à trois chiffres qui l'attendent. Et pour un temps, le monde entier se réduit à la zone éclairée par le halo de sa lampe de bureau.

« Y a quelqu'un ? » La voix de sa sœur, de l'autre côté de la porte. Timing parfait, Raphaël vient de noter le reste de sa dernière opération. Il se lève pour aller ouvrir, et lui proposer d'entrer dans sa tanière.
– J'ai réchauffé le dîner préparé par Emma, on peut se mettre à table quand tu veux.
– Super, j'ai une faim de loup !

Caroline le regarde bien en face :
– Ce soir encore, t'es rentré directement après l'entraînement. C'est bien, petit frère.
– Je respecte ma part du contrat. Même si j'essaie d'oublier que je perds déjà mon jeu au pied…
– Justement, à ce sujet… j'ai une idée à te proposer. Tu m'écoutes ?
– Hâte d'entendre ça, oui !
– La grande sœur d'une fille de mon équipe est une amie de Liam, le jumeau de ton entraîneur, Fred. J'en ai parlé avec elle la semaine passée, et…
– … et quoi ? Alors ?
– Alors elle m'a donné le numéro de Fred.
D'émotion, Raphaël s'assoit sur son lit. En fait, il ne sait pas trop à quoi s'attendre. Elle a appelé son entraîneur ? Mais… mais connaissant Caroline et sa parole sans filtre, il a dû la prendre pour une folle ! Et lui avec, bien sûr… C'est une catastrophe. « Ça va ? T'es tout pâle ! » La jeune fille s'assoit à côté de lui. Le garçon la rassure d'un geste.
– T'inquiète. Alors, tu as réussi à joindre Fred ?

– Oui, et il a été très gentil. Je crois qu'il se fait du souci pour toi.
– Ah bon ?
– Il m'a dit de te transmettre qu'il allait trouver une solution. Et qu'il fallait que tu lui fasses confiance.

Raphaël ferme les yeux une seconde. Cette dernière phrase doit avoir quelque chose de magique : d'un coup, la tempête naissante s'est apaisée. Fred s'en occupe. Que souhaiter de mieux ?
– Merci, Caro, euh… je… Merci.
– Hé ho, te mets pas à pleurer, non plus !

Sa sœur lui adresse en même temps une grimace si épouvantable que le garçon ne peut s'empêcher de rire.
– Je préfère ça ! Au fait, je t'accompagne à ton prochain tournoi. Histoire de voir ce que vaut un minus comme toi… Et puis ce sera l'occasion de remercier ton entraîneur.
– Arrête, tu vas encore me coller la honte… Tu n'as pas match ?
– J'ai vérifié, tu penses bien. Prépare-toi à voir ta grande sœur jouer les pom-pom girls !
Caroline saute sur ses pieds, et ses dreadlocks couleur paille paraissent vibrer d'énergie. Elle se penche un instant sur le cahier ouvert sur le bureau, plisse le front, et…
– Ta deuxième division est fausse. Ça tombe bien, tu as juste le temps de la refaire avant que je re-réchauffe le repas !
– Oh non… T'es sûre ?

– Plutôt, oui.

Elle affiche une mimique théâtrale, mi-navrée mi-outrée qu'il ose douter de son talent. Puis, en trois pas légers de gazelle, elle disparaît en laissant la porte ouverte.

Lorsqu'il se rend compte qu'il est en train de sourire tout seul, Raphaël se secoue. Ah ça, lui qui voulait aligner les lanternes… Eh bien le voilà servi ! Dire qu'il croyait il y a peu encore que Caroline le détestait… Voilà qu'elle résout son problème, jusqu'à venir le voir jouer. Le costaud sent l'émotion lui gratter le fond de la gorge. En fait, peut-être n'est-il pas si seul qu'il le croyait ?

Bien sûr, rien ne changera ses parents et leur absence. « Tu sais, mon chéri, Papa et moi avons chacun un travail important. Et grâce à cela, ta sœur et toi ne manquez de rien, non ? » Ces phrases si souvent entendues déclenchent désormais chez lui une sorte de haut-le-cœur. Lui, il échangerait de bon cœur sa dernière console à la mode et la télévision grand écran dans sa chambre pour ses parents en tribune ! Bon, ce jour-là les vaches chanteront la Marseillaise... Pourtant, samedi, Caroline sera de l'autre côté de la main courante. Et ça, quand même, ça change tout.

Le garçon soupire un grand coup. Et, tout en revérifiant à toute vitesse l'opération indiquée par Caroline, il se demande ce qu'il fera après le dîner. En rentrant tout à l'heure, il a eu l'idée d'appeler Zacharie pour lui raconter l'inscription d'Alma. Une manière d'évacuer son exaspération du moment, et d'inciter son compère à se moquer d'elle en classe pour la décourager... Pourtant, la vérité est que Raphaël méprise son acolyte de cour de récréation : trop « bas-du-front », trop suiveur dans l'âme malgré sa carrure imposante. Trop bête, en fait, pour se montrer vraiment intéressant. Certes, grâce à lui, Raphaël peut continuer de régner sans partage sur la classe. Car, même si Zac croit lui aussi être un caïd, le blond le manipule aussi facilement qu'un pantin. Depuis longtemps, le costaud a compris ce qu'est le pouvoir : se servir des autres, et avant les autres. Même si ça ne justifie pas tout...

Raphaël achève de corriger le résultat erroné et pose son crayon. Au même moment, en bas, Caroline s'impatiente.

– Alors Raph, t'as trouvé le problème dans ta division ?

– C'était fastoche ! Attention j'arrive, le p'tit loup a les crocs !

Le garçon ferme son cahier et éteint la lumière. Sur le seuil, il s'immobilise une seconde pour passer le doigt dans la trace de poing sur le mur. Non, il n'appellera pas Zacharie. Elle a beau l'agacer, Alma vaut mieux que ça. Et peut-être que lui aussi, finalement ?

CHAPITRE SIXIÈME

« Allez, on commence dans cinq minutes ! » La phrase de Fred, qui vient d'annoncer la composition de l'équipe, fait onduler d'impatience le cercle des jaunards au bord du terrain. Raphaël s'ébroue lui aussi. Il a des fourmis dans les jambes ! Après ce bon début de tournoi, il est temps de finir le travail en beauté. L'ASM a remporté largement ses premiers matchs, et s'apprête à jouer la finale contre Cournon, un gros morceau. Le blond glisse un œil gourmand vers la tribune remplie de parents bruyants. Il règne ce samedi comme une atmosphère de fête, et la météo est excellente. Quant au terrain, c'est un green de golf ! Plaquer sur une pelouse comme celle-ci équivaut à s'allonger sur une épaisse moquette… Un régal !

Les bras passés derrière ses voisins, le garçon étire méthodiquement les muscles de son cou pour tromper l'attente. L'heure de vérifier que tout le monde est dans son assiette, parce que l'entrée en matière risque d'être chaude ! Ethan lui adresse un clin d'œil. Raphaël l'a vu à l'instant glisser une phrase rassurante à Alexis, dont le visage est fermé. Simon, sous son autre bras, semble tendu. Quand retentit le coup de sifflet qui clôt la petite finale, la surprise fait sursauter le petit rouquin… Le costaud retient à grand peine un sourire. Un peu craintif, le renardeau !

Raphaël en profite pour se remettre en tête ce que Fred lui a dit tout à l'heure en aparté : pour lui permettre de travailler son jeu au pied, il lui a proposé de rester à la fin de l'entraînement du lundi pendant le décrassage des espoirs. Il pourra taper des ballons sur le terrain adjacent, lui aussi éclairé. Dans de bonnes conditions, et en sécurité. En apprenant la nouvelle, le garçon s'est retenu à grand peine de sauter au cou de Fred…

Retour sur terre, alors que l'ASM se répartit sur sa moitié de terrain. Puis, enfin, le match démarre. Et, comme attendu, ça tape fort d'entrée du côté des rouge et blanc. Heureusement, les jaunards défendent âprement et ne cèdent pas un pouce de terrain. Satisfait, Raphaël se relève d'un nouveau plaquage réussi avec le sentiment que tous ses coéquipiers sont entrés dans le match du bon pied. Dès que l'équipe remettra la main sur le ballon, ils vont pouvoir se déployer en attaque…

Justement, c'est parti. Et les grandes jambes d'Alma font la différence sur une passe impeccable d'Ethan. Depuis l'autre bout du terrain, le costaud observe avec intérêt la course de soutien de Simon. Le petit roux se présente juste au bon moment, et marque un superbe essai. Raphaël se demande s'il n'a pas mal jugé le gaillard, somme toute... Quant à Alma, elle l'impressionne !

La jeune fille est à son affaire, distribue la balle autour d'elle, sonde la défense avec la légèreté d'une abeille... De quoi fatiguer l'adversaire ! Et puis, sur un renvoi, le ballon lui tombe dans les bras. Et là, soudain, c'est l'instant de grâce. Alma accélère seule face à deux défenseurs. Sans se défiler, elle feinte la passe et élimine le premier. Lorsque le deuxième cherche à la plaquer, elle effectue un tour sur elle-même qui force le rouge et blanc à relâcher sa prise... Pendant qu'elle file déposer la balle dans l'en-but ! Raphaël n'en croit pas ses yeux. Essai ! En entendant les hurlements de Caroline, une idée lui vient brusquement : sa sœur a dû trouver le moyen de confier quelques trucs d'avant-match à Alma. Eh bien tant mieux pour l'ASM !

Sur la remise en jeu suivante, Cournon cherche à renverser la vapeur. Les joueurs rouge et blanc, vexés, pèsent de tout leur poids sur le jeu. Et les contacts deviennent durs. Pourtant, les jaunards ne leur facilitent pas la tâche : le ballon circule de main en main, et rares sont les défenseurs à se trouver en situation de plaquer. Une méthode qui permet à Raphaël, qui a bien senti le coup, de s'ouvrir un passage à grand coup d'épaule entre trois défenseurs pour aller marquer en force un deuxième essai. La clameur de la tribune est douce aux oreilles du costaud. Décidément, il aime briller… D'autant plus qu'il sent d'expérience que ce deuxième coup porté à Cournon pourrait être fatal.

Pourtant, les minutes filent et les rouge et blanc n'abdiquent pas. Loin de là ! Lorsque leur joueur le plus imposant charge soudain, c'est Raphaël qui se trouve sur son chemin. Malheureusement, il n'a pas le temps de placer correctement son épaule… et rebondit sur le bison au galop ! Derrière lui, un coéquipier terrifié effectue lui aussi une magnifique « porte de saloon »… et l'adversaire réduit aussitôt le score. En soufflant sur sa mèche, le blond jette un regard autour de lui. Mains sur les hanches pour reprendre son souffle, Ethan se replace. Alma, les traits tirés, lui retourne un regard en acier trempé. Alexis aussi, qui s'est dépensé sans compter, semble encore dans le coup. Manifestement, l'ASM n'est pas encore prête à rendre les armes !

En seconde mi-temps, Raphaël lui-même doit puiser dans ses réserves. Il a l'impression que ses mollets sont durs comme des briques, et il a de plus en plus de mal à se relever après les impacts. Mais pas question de laisser sa place pour autant ! Pour l'heure, il avale sa salive en surveillant la course du ballon. Plus que quelques instants à tenir, l'équipe tient toujours le score. Et brusquement, son attention est attirée par un petit espace oublié au cœur de la ligne adverse. Pour tenter le coup, il lui faudrait mettre un sacré coup de rein… Qu'à cela ne tienne ! Le blond serre les dents et lance ses dernières forces dans la bataille. Juste à temps, il se présente à gauche du porteur de balle, appelle et s'engouffre aussitôt dans le trou. Incroyable… Il est passé ! Le souffle court, à la limite de la crampe, Raphaël tourne la tête de tous les côtés. Pas de soutien en vue, il navigue seul au milieu de la défense adverse… Et l'arrière rouge et blanc lui coupe la route, tout au plaisir de le découper. Aïe, en plus il a l'air solide... Une seule chose à faire : ralentir. Un risque, car les rouge et blanc dans son dos le rattraperont plus facilement. Mais une chance de laisser le temps à un jaunard de se porter à sa hauteur pour éviter le dernier défenseur et finir le travail. Alors, avec le peu d'oxygène qui reste dans ses poumons brûlants, le blond adresse au ciel une prière muette…

Comme au ralenti, Raphaël aperçoit désormais l'expression concentrée du dernier défenseur. Un joueur d'expérience, il le sent, qui a tout du rempart infranchissable. Mais que font ses soutiens ? Brusquement, le porteur de balle capte un changement d'attitude chez le rouge et blanc. Un regard jeté dans une autre direction ! Ce qui ne peut vouloir dire qu'une chose…

Raphaël ne pourra plus tenir longtemps, il le sait. Et de toute façon, l'arrière est presque sur lui. Alors qu'il franchit les derniers mètres qui les séparent, il sent une sorte de souffle dans son dos. Le garçon ramène à deux mains le ballon contre son ventre, de façon à pouvoir passer à gauche comme à… « Droite ! » L'ordre a claqué derrière lui, sec et impératif. À l'aveugle, le costaud détend les poignets et libère la balle dans la direction demandée. Il était temps ! Un jaunard le dépasse en trombe alors que… Boum ! Le défenseur plaque Raphaël sans ballon. Pas grave, car l'essai signe la victoire de l'ASM !

Pourtant, alors que le blond à genoux cherche à retrouver son souffle, une étrange impression l'envahit. Cette voix, il a l'impression de ne pas la connaître. Et pourtant… Quand il reporte son attention sur l'équipier qui vient de marquer, la surprise l'immobilise : devant lui, manifestement tout aussi perturbé par ce qui vient de se passer, Alexis balaie le terrain d'un regard perdu. « Tu… » Les mots sèchent dans la gorge de Raphaël. Et il faut quelques secondes encore pour que les idées s'agrègent dans le bon ordre dans son esprit fatigué. Effet collatéral inattendu de sa prière muette de tout à l'heure ? En tout cas, il semble qu'Alexis le muet vienne de retrouver l'usage de la parole…
Fred crie quelque chose depuis le bord du terrain, mais Raphaël ne comprend pas. Lourdement, il reprend sa place sous la rumeur enthousiaste de la tribune. La fatigue et l'émotion ont achevé de lui couper les jambes, et à présent il a l'impression de se traîner sur la pelouse. Par chance, le match s'achève un instant plus tard sur un dernier en-avant des rouge et blanc. L'ASM remporte le tournoi !

Et pourtant, aujourd'hui, la victoire importe peu au costaud. Sur ce match, il a beaucoup appris. D'ailleurs, il a une chose importante à faire.

À quelques mètres de lui, comme groggy, Alma reprend sa respiration. Il faut dire que, pour la féliciter, Caroline vient de se pendre à son cou dans une espèce de prise de karaté… Raphaël juge plus prudent de laisser sa sœur s'éloigner, puis s'approche à son tour de la jeune fille : « Je peux te parler une minute ? » Ils s'éloignent de quelques pas avant qu'Alma se tourne vers lui, curieuse. Les pensées se bousculent sous le crâne de Raphaël. Quels mots choisir ? Indécis, puis gêné du silence qui se prolonge, il se recoiffe maladroitement. Finalement, et si le plus simple était de se jeter à l'eau ? Alors le costaud se racle la gorge : « Euh… bien joué, ta feinte, Alma. » Voilà, le plus dur est dit. Le reste devrait suivre plus facilement. La jeune fille s'est détendue et affiche un sourire malicieux. Elle le laisse venir. Et elle a raison, c'est de bonne guerre ! « Tu as très bien joué, aujourd'hui. » Il marque encore une courte pause et repense à sa passe magnifique pour Simon. « Et c'est toi qui avais raison, l'autre jour à l'école. Les filles, vous apportez vraiment autre chose dans le jeu. Un ingrédient que je ne connais pas. En fait, on a besoin de vous. » Raphaël s'interrompt et un éclat passe dans son regard. « Enfin… on a surtout besoin de toi. » Est-ce qu'elle comprend que c'est sa manière de s'excuser pour l'épisode de la cour de récréation ? le garçon lui sourit à son tour, et hoche la tête. Puis tourne vite les talons, mal à l'aise.

Au même instant, une clameur de triomphe retentit de l'autre côté du club-house. Les organisateurs du tournoi viennent de remettre les récompenses aux vainqueurs. Raphaël n'éprouve aucun regret d'avoir raté l'événement. Et puis Fred aura peut-être gardé la petite médaille qui lui revient, qui sait ? L'esprit ailleurs, il rejoint les jaunards avec l'impression de flotter dans du coton. La fatigue, mais pas seulement... Dès qu'Alexis reparaît dans son champ de vision, il ne peut plus le lâcher du regard. Depuis son essai, le petit brun donne l'impression d'être rentré en lui-même. Comme s'il était choqué par ce qui est arrivé... Au fond de lui, le costaud comprend. Et éprouve même une forme d'admiration pour son coéquipier.

« Dis donc, Raph, qu'est-ce qui s'est passé entre Alexis et toi quand vous avez marqué ? » C'est Ethan, à voix basse, qui lui pose la question. En temps normal, Raphaël aurait trouvé un bon mot, ironique et mordant, pour faire rire la galerie. Mais rien ne vient, et le jaunard le regarde avec surprise : « Bah, t'as perdu ta langue, toi aussi ? T'es sûr que ça va ? » Raphaël s'en sort par une pirouette qui a au moins le mérite d'éloigner Ethan. Car il découvre qu'une partie de lui-même répugne à répondre. Il sent confusément que ce n'est pas à lui de raconter ce qui s'est passé. Comme par hasard, Alexis leur jette au même moment un coup d'œil. Il doit sûrement penser que Raphaël trahit déjà son secret...

Le costaud soupire et se passe la main sur la figure. Et s'il allait goûter dès maintenant, avant de se changer ? Une excellente manière de parer à l'excès de curiosité de ses autres coéquipiers. Sans compter que, la bouche pleine, c'est malpoli de discuter... Derrière la table, un géant aux grandes moustaches blanches distribue généreusement des parts de gâteau. Raphaël, qui a l'impression de l'avoir déjà vu quelque part, le remercie avant de s'effacer pour laisser la place à Alma.

Tout en mâchant, il aperçoit Alexis qui sort du vestiaire, déjà changé. Et le costaud se prend à espérer que le moment qu'ils ont partagé annonce une forme de guérison pour le petit brun… Qui, lui aussi, semble reconnaître le moustachu ! Étonné, Raphaël observe une dame appuyée sur une béquille fondre à son tour sur son coéquipier pour l'embrasser… Les grands-parents d'Alexis, bien sûr ! Un sourire étire les lèvres du blond quand il se détourne.

Le bruit d'un moteur qui pétarade le fait sursauter. Quelques mètres plus loin, une mobylette vient de démarrer, et dessus… c'est Alma, sac en bandoulière, qui est montée derrière un jeune homme. Raphaël a juste le temps de lire « Pizzeria Stromboli » sur le coffre arrière avant que le deux-roues accélère et disparaisse par le portail du stade.

Perplexe, le garçon avale une dernière bouchée de quatre-quarts avant de prendre pensivement la direction du vestiaire. Quelle journée, tout de même…

CHAPITRE SEPTIÈME

Cette fois-ci, en ce milieu de mois de novembre, l'hiver s'est annoncé à Clermont-Ferrand. Par-dessus le mur du jardin, Raphaël contemple en soufflant dans ses mains glacées la lumière du soir qui descend sur les dômes enneigés des volcans. Ce mercredi soir, tout est étrangement calme dans la rue.

Plutôt que de subir la voix du speaker de la radio dans la cuisine, le garçon a préféré geler sur pied dehors. Emma pourra finir d'écouter son émission sans lui. Anorak, bonnet, et le voici écrasant l'herbe gelée qui craque sous ses pas. Mais au moins peut-il profiter du silence. Il en a besoin, car depuis quelque temps il tourne autour d'un problème insoluble : ramener Alma dans l'équipe.

Depuis le dernier tournoi, elle n'y a pas remis les pieds. Et, en discutant avec Maxime, le costaud a appris que sa famille le lui interdisait. Enfin... qu'en fait, la jeune fille n'avait même pas reçu la permission de s'inscrire. Un nuage s'échappe de la bouche de Raphaël avec un petit gloussement... Alma, première de la classe et capable de mentir à tout le monde ! Qui l'aurait cru ? Comme quoi, elle lui ressemble plus qu'elle ne le croit. Son départ a laissé un vide dans l'équipe. Étrange, elle n'était pourtant pas là depuis très longtemps. Mais, à l'entraînement, Raphaël a croisé le regard d'Alexis à plusieurs reprises. Pas besoin d'en dire plus, ils ressentent la même chose. Et la voir chaque jour en classe rend cette sensation insupportable.

Décidément, si on lui avait dit qu'il se ferait des nœuds au cerveau pour faire revenir Alma sur le terrain... Raphaël part d'un petit rire pour se moquer de lui-même. Au même instant retentit un grand « clac » derrière le bouquet de chênes. C'est Caroline qui doit rentrer du lycée. Caroline... Caroline, bien sûr ! Un éclair, et les idées se combinent à toute vitesse. Caroline !

« Mais t'es malade ? Tu m'as fait peur ! » Sa grande sœur ne l'a pas vu déboucher entre les arbres. Et il faut dire que, accélérée par l'effort, sa respiration remplacerait facilement le brouillard de la Tamise. « Désolé ! Je... Est-ce que je peux te parler d'un truc ? » Intriguée, la jeune fille risque un regard en coin vers la maison illuminée toute proche. Manifestement, elle s'interroge sur la raison de cette discussion dans un froid polaire. Pourtant, sans attendre sa réponse, Raphaël se lance. En quelques mots, il lui raconte l'absence d'Alma et ce qu'il sait : « Ce matin, j'ai tenté la manœuvre de la dernière chance. Je suis allé lui demander si elle comptait jouer de nouveau avec nous. » Le garçon déglutit à ce souvenir désagréable : « Et elle m'a dit qu'elle ne reviendrait pas. » Caroline a oublié le froid et écoute très attentivement. Elle se souvient très bien de la jeune fille, à laquelle elle a donné quelques conseils la première fois qu'elle est allée voir jouer l'ASM. À l'occasion du dernier tournoi, elle a pu constater la place grandissante qu'elle prenait dans le jeu. Raphaël achève son récit : « En désespoir de cause, je lui ai demandé de me dire qu'elle détestait le rugby. Et c'est ce qu'elle a fait ! »

Le costaud s'interrompt. Le plus important est encore à venir.
– Mais je n'y crois pas. Dans sa voix, sa façon de choisir ses mots… Elle n'y croit pas elle-même. Alors j'ai réfléchi, et…
– Dis donc, fais gaffe à pas trop réfléchir quand même, hein ! Quand on n'est pas habitué, on risque un claquage !
– Ah ah. N'empêche, quand je t'ai entendue pousser la porte, j'ai pensé…
– … que tu allais me demander d'aller la voir.
– Euh… pas exactement.
– Ah bon ?

L'ombre est tombée sur le jardin, mais l'intonation de la voix de Raphaël trahit son sourire.

– En fait, je pensais plutôt te demander d'aller parler à sa mère. De femme à femme, tu vois. Enfin, un truc du genre…
Un moment, Caroline reste sans voix. Une réaction plutôt inhabituelle pour elle. Son regard s'échappe vers la silhouette du puy de Dôme, qu'on devine encore dans la lumière agonisante. Les secondes s'écoulent, et finalement le garçon se demande s'il n'a pas fait une erreur…
– D'accord, j'irai. Tu as l'adresse ?
– Oui, je… j'ai suivi Alma hier pour savoir où elle habite.
Un grand sourire fleurit sur les lèvres de Caroline. Dans ses yeux danse un reflet singulier, fait à la fois d'attrait pour le défi… et d'un peu d'admiration.
– Bien joué, petit frère. Tu m'impressionnes.
– Pardon ? Désolé, je n'ai pas bien entendu…
– Dommage, ça ne se répète pas !

La jeune fille éclate de rire. Puis, sans transition, lui balance un grand coup d'épaule : « Allez, je suis en train de me transformer en iceberg. Le dernier à l'intérieur est un flamant rose du Stade Français ! »

***

Évidemment, la pluie s'est mise à tomber juste à la sortie des vestiaires… Mais Raphaël n'y fait même pas attention. Et même si sa mèche trempée lui tombe un peu dans les yeux, comment ne pas entendre les cris de Caroline, assise dans la tribune à quelques mètres de là ? Des cris de joie qui s'adressent à Alma, dont Raphaël sent la présence juste derrière lui dans la colonne des jaunards. Elle est de retour ! Et lui, il doit une fière chandelle à sa grande sœur… Alexis aussi est de la partie, ce samedi. À cette pensée, quelque chose de pas désagréable remue le costaud. Ce serait ça, l'amitié ?

Coup de sifflet de l'arbitre, et les enfants entrent sur le terrain. Face à l'ASM, un club dont Raphaël a oublié le nom, aux étonnantes tuniques violettes. Pas de très grands gabarits et, pour ce qu'il a aperçu de leurs matchs précédents, pas un très bon niveau non plus. Ce match ressemble à une formalité ouvrant à l'ASM les portes du podium. Dans un geste machinal vers ses cheveux, le costaud se reprend : au rugby, comme dans tous les sports, aucun match n'est gagné d'avance. La victoire, il faudra la conquérir !

Raphaël fait le vide dans sa tête. Comme un sprinteur, les pieds sur les starting-blocks, il guette le signal qui lancera le match. À sa gauche, sans qu'il ait besoin de le voir, il sait qu'Ethan est dans le même état. À droite, Simon et Alexis. Alma restera en arrière pour participer au deuxième rideau, si jamais les violets parvenaient à percer le premier. Et puis… Le sifflet retentit, juste avant que le ballon s'envole. D'un bloc, les jaunards se ruent en avant.

Comme prévu, la domination de l'ASM ne se fait pas attendre. Mieux organisés, plus rapides, Raphaël et ses coéquipiers font circuler le ballon d'un côté à l'autre du terrain. En face, les plaquages manqués se multiplient, ouvrant presque chaque fois le chemin de l'essai. Alma, pour son grand retour, fait des merveilles… saluées à chaque fois par les hurlements de Caroline ! Heureusement que la pluie rend la balle glissante, annihilant plusieurs occasions franches. Car, à la mi-temps, le score est déjà de six essais à zéro.

« Raph, tu reprends pour cinq minutes, ensuite tu laisseras ta place à François. » Le costaud, d'un signe de tête, signifie qu'il a compris. En prévision des derniers matchs, Fred fait tourner largement son effectif. Alma ne jouera d'ailleurs pas la deuxième mi-temps, et elle en profite pour aller papoter avec Caroline.

La reprise du match se joue sur le même tempo. Les jaunards monopolisent le ballon et font le jeu face à de faibles violets. Rapidement, l'arbitre siffle une pénalité pour l'ASM. Alexis fait la passe à Ethan, bien plaqué. L'adversaire, sans succès, tente de gratter le ballon. Simon le relève aussitôt pour Raphaël, qui arrive lancé à toute vitesse. Il renverse le premier défenseur, mais un violet caché derrière le regroupement surgit pour plaquer. Dans le même mouvement, le costaud tente un écart pour lui échapper… Mais ses crampons restent fichés dans la terre mouillée. Un terrible choc propulse le jaunard vers la gauche alors que le violet lui tombe dessus... et que résonne un craquement sinistre.

Raphaël, un peu sonné, se retrouve sur le dos. Pendant une seconde, il pense au ballon qu'il vient de laisser rouler devant lui. Puis, en un éclair, une douleur épouvantable lui perfore la jambe droite. Instinctivement, il ferme les paupières et serre les poings de toutes ses forces… Mais la souffrance ne disparaît pas. Au contraire, elle paraît enfler encore. Un gémissement s'échappe entre ses dents soudées, pendant qu'il cherche maladroitement à se mettre sur le côté.

Au même moment, deux mains puissantes pèsent sur ses épaules pour le maintenir fermement sur le dos. Avec effort, le garçon rouvre les yeux pour découvrir le visage de Fred, qui le fixe avec intensité : « Ne bouge pas, Raph, on s'occupe de toi. » La voix est calme, mais le blessé y distingue pourtant un accent inhabituel. La panique, brusquement, l'envahit : « Je… qu'est-ce que j'ai, Fred ? Ma jambe… J'ai mal… » Avec douceur, l'entraîneur l'empêche de bouger. « Je ne suis pas médecin, mais je crois que tu as la cheville cassée. Les secours arrivent, reste calme. »

Une nouvelle vague de souffrance terrasse Raphaël, qui laisse sa tête retomber mollement en arrière. Impuissant, il sent les larmes perler à ses paupières contractées. Il ne manque plus que ça, maintenant il va se mettre à pleurer comme un bébé… Sa jambe le brûle comme si on y avait mis le feu. Un grognement lui échappe de nouveau, alors qu'il sent une main fraîche se glisser dans la sienne.

« Petit frère ? Ça va ? » Au-dessus de lui, le visage inquiet de Caroline. « Waouh, tu t'es pas raté. » Ses yeux ne pétillent plus et les dreadlocks mouillées pendent sur sa tête comme des serpents morts. Raphaël n'a pas le temps d'en saisir davantage qu'un pompier aux sourcils broussailleux apparaît dans son champ de vision : « Tiens bon, mon garçon. Nous t'emmenons à l'hôpital. » Les mots dansent sous le crâne du costaud, qui ne comprend plus... Hôpital ? Comment ça ? S'il n'y avait pas cette sacrée douleur qui l'empêche de réfléchir, il leur montrerait à tous que ce n'est pas un petit plaquage de rien du tout qui...

Du blanc. Du blanc partout. Et le silence. Que s'est-il passé ? Quand il reprend connaissance, Raphaël est allongé sur une civière. Le monde qui l'entoure est réapparu aussi soudainement qu'il avait disparu. Il a dû perdre conscience quelques secondes... Malheureusement, la souffrance aussi est revenue. Elle lui sature le corps d'ondes atroces. Aux quatre coins du brancard, des hommes en tenue noir et rouge s'accroupissent pour saisir les poignées. Puis, avec délicatesse, ils se relèvent. L'un d'entre eux, une sorte d'ours à lunettes, se retourne et lui adresse un sourire encourageant : « Tu t'en sors très bien. Courage, dès qu'on est dans le camion, on s'occupe de cogner sur ta douleur ! » À pas lents, le curieux cortège traverse le pré, sous les applaudissements. Une tradition un peu étrange, réalise Raphaël pour la première fois en essayant de distraire son esprit de la torture qu'il affronte... Le garçon avise le véhicule rouge, encore à une trentaine de mètres. La délivrance ! Il relève la tête pour jeter un œil sur sa jambe droite.

Peine perdue : le bas de son corps est emballé dans une couverture de survie. « Petit curieux, va ! » En même temps, il sent qu'une main se pose sur son bras. C'est Alma, qui le regarde avec un petit sourire inquiet : « Il va falloir que tu te dépêches de guérir, Raph ! Parce qu'il nous reste un paquet de matchs à gagner ensemble cette année. » Derrière elle, une autre voix ajoute : « Sans notre surfer à crampons, on est perdus ! » C'est le grand Ethan, qui cherche lui aussi à lui donner du courage. Même Alexis, les yeux à moitié cachés par ses cheveux noirs, le salue d'un hochement de tête désolé.

À la porte du camion dont le gyrophare tourne déjà, le chef d'équipe des pompiers fait face aux dreadlocks : « Je suis désolé, mademoiselle. Nous ne pouvons prendre personne d'autre que votre frère à bord. Vous devez vous rendre à l'hôpital par vos propres moyens. » La réponse de la jeune fille se perd dans le bruit des bottes sur les marches de la cabine. Comme s'il ne pesait rien, Raphaël a l'impression de décoller… et se retrouve soudain au sec à l'intérieur.

L'ours n'a pas menti, car dès que Raphaël est arrimé on lui place un masque sur le visage. Et, à chaque bouffée de cet air au goût étrange, la souffrance s'éloigne un peu plus. À peine le costaud prend-il conscience que le véhicule se met à vibrer doucement. Quelle importance ? Car, comme la marée descendante qui découvre ce qu'elle cachait, l'éloignement de la douleur réveille l'angoisse. Fracture de la cheville… De l'articulation ? Une telle blessure doit forcément exiger beaucoup de temps pour guérir. Du temps pendant lequel il ne pourra plus mettre un pied sur le terrain… Pour un peu, cette idée seule lui ferait presque plus mal que sa jambe meurtrie. Plus de rugby du tout ! Les pensées tournent en rond dans sa tête comme des chauves-souris funestes. Combien de temps ? Et comment récupérer ? L'équipe a besoin de lui, et il ne peut rien faire… Chacune de ces questions laisse une rayure sanglante à l'intérieur de son esprit. Est-ce que ce n'est pas plutôt lui qui a besoin de l'équipe ? Une grosse larme roule vers son oreille.

« Allez, mon p'tit loup, haut les cœurs… » Caroline recoiffe avec douceur les cheveux du costaud. Dans son désespoir, une bouffée de reconnaissance et d'étonnement envahit Raphaël. « T'inquiète pas. La blessure, ça fait partie du sport. Et je te connais : tu reviendras sur le terrain encore plus fort qu'avant ! » Comment sa sœur a-t-elle réussi à monter dans le camion ? Quel phénomène, cette fille, tout de même… Le garçon parvient à sourire sous son masque. Sans crier gare, c'est le moment où la fatigue lui tombe dessus. Alors il reporte son attention sur le chuintement du gaz qu'il respire et le tapotement de la pluie sur le toit. Et laisse enfin son esprit partir à la dérive.

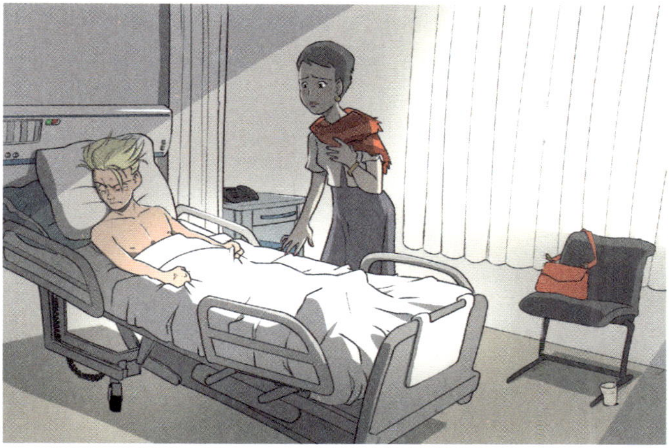

CHAPITRE HUITIÈME

Quand Raphaël ouvre les yeux, le lendemain matin, il est un peu désorienté. Rien de ce qui l'entoure ne ressemble à sa chambre, et… Et brusquement, il se souvient : le tournoi, sa cheville, la douleur incandescente. Fiévreusement, le garçon repousse le drap pour découvrir le bas de sa jambe droite. À partir de la moitié du tibia, le coup de pied disparaît dans une sorte de gangue dure et bleutée, recouverte par une grosse bande toilée. Le bout du pied et les orteils sont libres. Et, le garçon le vérifie aussitôt, répondent normalement.

Rassuré, il reporte son attention autour de lui. Un fauteuil en skaï marron, une table sur roulettes, quatre murs blancs et une fenêtre :

une chambre d'hôpital, bien sûr. S'il en doutait encore, il est soudain assailli par une odeur de détergent et de nourriture refroidie. Il était petit lorsqu'il a fait sa connaissance, elle ne s'oublie pas… Le costaud lâche un gros soupir. Il aimerait pouvoir s'adresser directement à son corps abîmé pour le convaincre de mettre les bouchées doubles… Quand sera-t-il guéri ? Dans un mois, deux ? De toute façon, il va devoir prendre son mal en patience !

Il est encore en train de réfléchir à la question lorsque la porte s'ouvre dans un souffle. « Tu es réveillé, mon pauvre chéri ? » Sa mère, les yeux un peu rougis et un gobelet de café à la main, vient d'entrer. Elle porte la robe qu'elle affectionne, dont le tissu semble avoir été chiffonné. « Tu as besoin de quelque chose ? Comment te sens-tu ? » Le garçon émet le plus gentil grognement dont il est capable : « Salut maman. Ça va impec. » Elle traverse la pièce à petits pas pour se laisser tomber dans le grand fauteuil. Et, pendant que l'odeur du café se répand dans la chambre, Raphaël passe en revue les questions qu'il aimerait lui poser. Il y en aurait tellement, alors… Une première fois, il ouvre la bouche sans succès. Sa colère, braises mal éteintes, se rallume peu à peu. Où était sa mère, quand il avait vraiment besoin d'elle hier sur le terrain ? Et tous ces matchs qu'il a joués où, il le réalise à présent, il aurait pu se blesser de la même manière ? Une petite voix lui murmure que se présenter le lendemain dans sa chambre avec son café, c'est un peu facile… et c'est un peu tard !

Pourtant, le garçon se force à desserrer les dents. « Et Papa ? Il va venir ? » Avant de répondre, sa mère cherche à avaler une gorgée de liquide, se brûle et fait la grimace : « Je suis désolé, mon chéri. Ton père a reçu un appel urgent du bureau, un problème d'approvisionnement qui bloque trois usines au Danemark. » Elle consulte rapidement sa montre. « À cette heure-ci, son avion doit être en train d'atterrir. Mais il ne rentrera pas avant mardi. » Elle lui sourit comme pour s'excuser à la place de son mari. Avec le silence qui suit s'installe une forme de malaise. Que sa mère tente de rompre maladroitement : « Il m'a chargé de te dire qu'il t'aimait. Et qu'il était désolé. » Sa mère prend le temps d'une respiration, puis confesse d'une voix incertaine : « D'ailleurs, moi aussi, je vais devoir filer. C'est l'affaire de quelques heures, je te promets que je reviens dans l'après-midi. Ah, au fait, Caroline m'a chargé de te dire qu'elle passerait elle aussi. »

Raphaël détourne les yeux vers la fenêtre. À quoi s'attendait-il, de toute façon ? La colère a disparu à présent, recouverte par une vague de tristesse gris béton. Comme pour sa jambe, il ne ressent plus rien. Sa mère vide le gobelet et se lève. Quand elle s'approche du lit pour embrasser son fils, celui-ci a un mouvement de recul. Une seconde, la femme reste interdite. Puis, sans insister, elle récupère son sac. Sur le seuil, elle se retourne pour dire quelque chose… Et finalement se ravise. La porte se referme sans bruit. Elle est partie. Rageusement, le garçon essuie ses yeux. Et attrape la télécommande de la télévision.

***

Deux heures plus tard, Caroline est en train de ratatiner son petit frère à Uno. Même si elle tente de se contrôler, régulièrement ses cris de joie traversent les cloisons fines de la chambre. Et les infirmières commencent à se lasser de venir lui faire les gros yeux… « Ah ah, tiens ! Double +4 ! Mange ça, mon p'tit loup ! » Raphaël, adossé à deux oreillers, découvre qu'on peut perdre et garder le sourire. Il s'amuse beaucoup plus du spectacle de sa visiteuse enthousiaste qu'il ne se vexe de son énorme tas de cartes…

D'ailleurs, une fois de plus, on actionne la poignée de la porte. Cette fois-ci, sa grande sœur pourrait bien être carrément jetée par la fenêtre… Mais il ne reconnaît pas la grande femme rousse en pyjama vert qui entre. « Bonjour, vous deux ! Désolée de vous interrompre. Comment va notre jeune rugbyman ? » Alors que Caroline s'écarte pour lui laisser la place, la nouvelle venue lui adresse un sourire lumineux. Puis reporte aussitôt son attention sur le garçon : « Mal à la tête ? » Raphaël secoue la tête. « C'est bon signe, les médicaments sont efficaces », approuve le médecin en l'examinant rapidement.

Satisfaite, elle s'assied au bout du lit. « Tu ne t'en souviens peut-être pas, mais c'est moi qui t'ai opéré hier soir, Raphaël. » De nouveau elle lui sourit, pour calmer la tension qu'elle sent monter chez son patient. « Pour que tu comprennes bien, les os qui constituent l'articulation de

ta cheville étaient fracturés. Je les ai remis en place, mais j'ai dû aussi poser des broches en métal pour les maintenir. »
Derrière la femme, un raclement de gorge échappe à Caroline, qui écoute de toutes ses oreilles. Le garçon en profite pour interrompre l'exposé.

– Le plâtre sert à éviter que je me serve de ma cheville ?
– Exactement, Raphaël. Elle ne doit pas bouger tant que tes os ne seront pas ressoudés. Malheureusement, le plâtre ne fait pas tout. Il va falloir que tu sois très discipliné si tu veux que ta cheville guérisse bien.
– D'accord, je ferai exactement ce que vous direz.
– Pour commencer, tu vas devoir rester allongé les dix prochains jours. Une infirmière passera chez toi tous les deux jours pour te faire une piqûre.
– Hum… Puisque je n'ai pas le choix…
Le garçon fait une grimace qui amuse le médecin. Puis le visage de la femme se rembrunit un peu. Manifestement, il y a autre chose.
– Je dois te dire quelque chose d'important, Raphaël. Nous avons fait des examens poussés avant l'opération pour avoir une idée précise de ta blessure. Et, à cette occasion…

Instinctivement, Caroline se rapproche de son petit frère. Comme si elle voulait le protéger de ce qu'elle sent approcher.
– … nous avons découvert qu'une grande partie de ton cartilage de croissance était arrachée. C'est grave, surtout pour un sportif comme toi.

La peur déforme un peu la voix du garçon, mais il doit la dominer pour savoir.
– Que… qu'est-ce que ça veut dire ?
– Qu'il existe un risque réel que ton articulation ne se remette pas complètement.

Raphaël jette un regard troublé au médecin sans oser rouvrir la bouche. Alors, avec douceur, elle prend les devants :
– Tu pratiques un sport exigeant, dans lequel les chocs sont nombreux. Cette exigence va augmenter à mesure que tu vas grandir. On s'y prépare grâce au développement d'une musculature spécifique. Mais il y a un problème : on ne peut pas renforcer les articulations avec du muscle. Alors, si ton cartilage de croissance ne cicatrise pas comme nous l'espérons…
– Non !

Une expression de terreur s'est emparée des traits de Raphaël. Il pressent ce que la femme va dire, mais il ne veut pas l'entendre. Il ne peut pas. Avec douceur, elle pose la main sur son poing crispé. Puis, avec un sourire navré, le médecin achève sa phrase :
– … tu ne pourras peut-être plus jouer au rugby. Je suis désolée, Raphaël.

La suite se perd dans le brouillard, il n'entend plus rien. Le costaud ne peut plus détacher son regard fixe du mur blanc face à lui. Comment ça, « plus jouer au rugby » ? C'est impossible, voyons. Il doit le lui dire, elle se trompe. Forcément. Lui, quitter le terrain définitivement ? Des mots rebondissent dans son esprit, mais il se sent trop fatigué pour s'en saisir. Brusquement, il prend conscience de son épuisement. C'est un mauvais rêve de plus, il va se réveiller… Parce que, s'il ne peut plus jouer, alors à quoi bon ? Il ne jouera jamais au Michelin ?

Caroline attend de longues minutes que son frère s'extraie enfin de son mutisme. La violence de sa réaction ne l'étonne pas. Comme elle n'a pas non plus surpris le médecin, qui s'est retirée pour le laisser digérer la nouvelle. Finalement, le garçon se remet à ciller. Domino après domino, conséquence après conséquence, il a fait le tour du désastre. Machinalement, comme s'il découvrait la pièce pour la première fois, son regard en fait le tour… et se pose sur l'expression crispée de sa sœur.

« Ça va aller, mon p'tit loup ? » Elle pose la question, mais elle connaît déjà la réponse. Le garçon ne répond pas. Alors, comme elle peut, elle cherche à lui répéter que l'arrêt du rugby n'est qu'une hypothèse, pas une certitude. Qu'avec le sérieux qu'il va mettre à se soigner, il a toutes ses chances de rejouer dans quelques mois… Mais Raphaël semble ailleurs. Soudain, il lui coupe la parole. Sa voix vibre curieusement : « Laisse-moi, s'il te plaît. Et tu peux dire à Maman que je ne veux pas la voir. Ni cet après-midi, ni plus tard. »

De saisissement, la bouche de Caroline s'ouvre et se referme. Finalement, elle se reprend : « Tu… tu es sûr ? Tu préfères rester seul ? » Le costaud se tourne vers elle, le visage barré d'un sourire douloureux : « Quand elle est là, tu sais, je me sens encore plus seul. » Raphaël sent les larmes monter inexorablement, alors il regarde dehors. « Tu te rends compte ? Ce matin encore, il a fallu qu'elle se donne bonne conscience en passant me voir en début de matinée. Avec un café, histoire que je comprenne bien qu'elle me faisait l'aumône d'une pause dans son travail… »

Caroline ne répond pas. Une à une, elle replace les cartes du jeu dans leur étui. Et, quand elle a terminé, elle enfile son manteau : « Je te laisse, petit frère. » Elle s'approche de lui, ses dreadlocks caressent fugitivement la joue de Raphaël quand elle le serre contre elle. Puis elle se redresse : « Il faut quand même que tu saches un truc. Tu ne l'as pas su, car tu as été opéré dans la nuit. Mais Maman était à l'hôpital quand tu es arrivé hier soir. Et elle ne t'a pas quitté d'une semelle jusqu'à ce matin. » Caroline indique le fauteuil en skaï. « Elle a dormi là, Raphaël. Alors oui, elle a dû avoir besoin d'un café ce matin. »

Comme le garçon ne desserre pas les dents, la jeune fille se dirige vers la porte. Sur le seuil, elle se retourne : « Il y a des gens qui t'aiment autour de toi, petit frère. Ne l'oublie pas. » Caroline lui adresse un sourire triste. Et, la seconde d'après, Raphaël est seul.

CHAPITRE NEUVIÈME

Ses dix premiers jours de convalescence, Raphaël les passe dans un silence aigri. Les pensées, toujours les mêmes, passent et repassent dans son esprit. Tout juste échange-t-il quelques mots avec Emma pendant la journée. Enfermé dans sa chambre, il fait plus que jamais chauffer sa console de jeux. Une manière d'oublier au moins pendant quelques heures qu'il ne foulera peut-être plus le terrain… Rien à faire, il n'arrive pas à se faire à cette idée. Alors, pour être certain de mettre toutes les chances de son côté, il relit des dizaines de fois chaque jour les ordonnances. À côté de son angoisse de faire une erreur en prenant ses médicaments, les piqûres régulières ne représentent rien du tout !

La maison s'est réorganisée autour de lui. Son père est toujours aussi absent, mais sa mère a rapatrié d'autorité son bureau à la maison. Bien sûr, elle n'en est pas moins toute la journée pendue au téléphone. Pourtant, même si c'est inutile, elle passe régulièrement vérifier que son fils a bien pris ses gélules et n'a besoin de rien. Raphaël, à la longue, se surprend lui-même à guetter l'ouverture de la porte. Bien qu'il ne lui adresse toujours pas la parole, il est plus sensible à ces marques d'attention qu'il ne veut le montrer. Ses seules discussions, il les réserve à Caroline, qui tâche de lui changer les idées autant qu'elle le peut. Pas simple non plus pour la jeune fille, le costaud le voit bien... Au point qu'elle prend le risque de saisir l'autre manette de jeu et de se faire dérouiller sur l'écran ! En général avec un sourire en coin, car elle voit que ces moments font du bien à son petit frère...

Le garçon peut compter aussi sur le travail à la maison fourni consciencieusement par Mme Roumier, par l'entremise de Maxime. De quoi lui occuper aussi un peu les neurones quelques heures par jour, et garder un contact symbolique avec la classe grâce aux nouvelles que peut lui apporter son ami...

Un beau jour, cependant, sa mère ne se borne pas à sa question rituelle. Elle décroche le manteau de son fils dans le placard et lui tend une paire de grosses chaussettes de laine. « Mon chéri, enfile ça. Je t'emmène en promenade. Ça devrait te plaire ! » Le costaud n'hésite pas longtemps. Une éternité qu'il n'est pas sorti... Même s'il doute sérieusement que l'escapade lui fasse vraiment plaisir. Est-ce que sa mère a prévu de l'emmener chez le boucher ? Ou bien voir une exposition de peinture au musée d'art Roger-Quilliot ? Il étouffe un petit rire ironique. Tant pis, il a trop besoin de changer d'air !

Assis à l'avant du Range Rover, le garçon regarde distraitement le ciel jouer à cache-cache avec les silhouettes d'immeubles. Déjà, il a l'impression qu'il respire mieux… Où sa mère l'emmène-t-elle ? Prudemment, celle-ci a branché une chaîne de radio qui leur évite à tous les deux une conversation maladroite. À un moment, alors que la voiture s'arrête à un feu rouge, Raphaël distingue la grille de son école. Dans quelques jours, il y retourne. Avec son plâtre et ses béquilles, il retrouvera ses camarades, la voix de Mme Roumier, l'odeur de la classe, les posters et les cartes punaisés au mur. Zac, Alexis, Maxime, Alma et tous les autres… Il a hâte !

Tiens, il se souvient de ce grand chantier ! Un énorme immeuble en construction qui fait la taille d'un pâté de maisons. Et, au croisement suivant, la rue qui mène au… Sa mère freine et met son clignotant à droite. Puis, après avoir vérifié que la voie est libre, tourne le volant. « Attends, Maman… » La musique étouffe le murmure de Raphaël. Il sait exactement où ils sont. Et, brusquement, il sait où ils vont. En retroussant légèrement la manche de son manteau, le garçon jette un œil à sa montre. Bien sûr. Alors il ferme les yeux, soupire profondément et serre un peu plus fort sa paire de béquilles.

Quand le quatre-quatre s'immobilise sur le parking, Raphaël ouvre la portière. Pas besoin d'aide, il peut se débrouiller tout seul ! Les prémices de la nuit ont envahi le ciel, et déjà les projecteurs sont allumés. Devant lui, sur le terrain principal des Gravanches, l'entraînement a commencé. Sa mère lui adresse un petit hochement de menton silencieux. Dans son regard, un peu d'incertitude. Raphaël comprend qu'elle cherche un indice pour se rassurer, guettant sa réaction.

Et justement, c'est une bonne question… Car à l'intérieur du costaud, un tourbillon d'émotions contradictoires s'élève : frustration, excitation, tristesse, désir, regrets… Cette tempête l'empêche de décider. Puis, curieusement, le vent tombe. Et l'allégresse se déverse en lui. D'accord, il ne va pas jouer ce soir. Mais il retrouve son élément, ses poumons se remplissent de l'odeur délicieuse de l'herbe coupée. Sans qu'il y pense, ses béquilles se lancent déjà devant lui quand… Il retient son geste. Le garçon se tourne vers sa mère, qui le regarde toujours. « Je… Merci, Maman. » Il aimerait en dire plus, se sent un peu bête… Mais il voit qu'elle a compris. Alors, à son tour, il lui rend son sourire. Puis, le plus vite qu'il peut sans risquer de tomber, Raphaël prend la direction du terrain.

Une heure plus tard, le garçon s'est réfugié dans la solitude du vestiaire. Quelle joie de revoir ses camarades… Et quelle cruauté de ne pas pouvoir les rejoindre ! Il a cru pouvoir endurer ce grand écart.

Mais il faut croire qu'il s'est trompé. Raphaël a l'impression d'être littéralement déchiré à l'intérieur. Il a prétexté pour sa mère un besoin pressant. Et depuis, assis sur le banc derrière la porte, il fixe le mur devant lui. C'est tellement absurde… La tête dans les mains, il laisse enfin les larmes sortir.

À ce moment précis, un grand bras musclé se pose sur son épaule. Quelqu'un s'est assis à côté de lui et cherche à le réconforter. Confus, Raphaël renifle et découvre Fred et sa queue de cheval. « Salut, champion. » Le garçon tente de sourire à travers ses larmes et bredouille lamentablement. Champion de la lose, oui… Il se sent honteux de s'être laissé surprendre dans cet état. « Tu sais, Raph, moi aussi j'ai été blessé comme toi. Pas à la cheville, c'était l'épaule. Et j'ai mis deux ans à récupérer complètement. » L'entraîneur lui parle avec douceur. De sa guérison incertaine. Des efforts qu'il a faits. Du soutien reçu de ses amis, aussi. « Je sais ce que tu traverses. Et je sais que tu te dis que tu ne fais plus partie de l'équipe. » Fred ouvre les deux mains devant lui : « Eh bien tu te trompes complètement, tu sais ? On a besoin de toi, et plus que jamais. J'ai une mission pour toi. »

***

Privilège de son provisoire statut handicapé, Raphaël est désormais assis à un bureau sans voisin direct. Au fond de la classe, le plâtre posé sur une chaise, il retrouve peu à peu les repères visuels et sonores de son environnement habituel. Alma et ses interventions qui donnent l'impression qu'elle a en permanence une encyclopédie cachée sur les genoux. Maxime, capable du meilleur comme du pire, mais dont l'humour et la bonhommie font tellement de bien au costaud. Alexis, qui de plus en plus souvent laisse son visage à découvert. Le brun a d'ailleurs fait des progrès fulgurants, et Mme Roumier lui donne la parole autant de fois qu'il la demande.

Sonnerie, cantine, sonnerie… Lors des pauses, Raphaël a reçu l'autorisation de rester en classe pour éviter d'avoir à descendre et remonter l'escalier sur ses béquilles. C'est l'occasion pour ses amis de passer du temps avec lui au calme. Alexis et Alma lui racontent les potins de l'équipe et les matchs à venir, lui posent des questions techniques ou lui demandent des conseils. Maxime écoute beaucoup, puis à son tour narre les exploits des espoirs… en glissant toujours une allusion plus ou moins gourmande à un plat qu'il a tenté de réaliser récemment. Zacharie seul semble un peu gêné depuis le retour de Raphaël. Au point qu'il paraît se mettre à l'éviter. Qu'importe, car le costaud est heureux de ces moments privilégiés. En l'absence de Mme Roumier, et sous le regard inquiet de ses amis, il se risque même parfois à des tours de classe sur béquilles en se chronométrant…

Un vendredi, alors que les enfants rangent leurs affaires dans leur sac pour le week-end, une chaise surchargée bascule soudain vers la jambe de Raphaël. C'est celle de sa voisine de devant, Esther. Qui, affolée, récupère ses affaires le plus vite qu'elle le peut : « Oh non ! Je suis tellement désolée, Raphaël ! Ça va ? » Pour résister à la douleur qui explose dans sa cheville, le garçon grogne et pose le front sur son bureau. Après quelques secondes, les joues encore un peu rouges, il relève la tête : « Ça passe, ne t'inquiète pas. » Il adresse un sourire à la coupable, tellement gênée qu'elle n'ose plus bouger. « Et puis comme ça, on est quittes. Tu te souviens du basket, l'autre fois ? Excuse-moi, je me suis vraiment comporté comme un abruti. » Le visage d'Esther reste un bref instant immobile, puis elle lui rend son sourire : « Merci. Rassure-toi, les bleus aussi, ça passe ! »

Quand Raphaël, à son tour, se dirige vers la porte de la classe, il capte le regard de Mme Roumier posé sur lui. A-t-elle entendu leur échange ? En lui souhaitant un bon week-end, il n'en est pas certain. De l'autre côté de la porte, en revanche, l'expression de mépris affichée par Zacharie sous sa tignasse ébouriffée ne laisse aucun doute. Voici venir l'instant de vérité… « Mais qu'est-ce qui t'arrive, Raph ? J'ai rêvé, ou bien tu viens de t'excuser devant une fillette ? » La voix de Zac siffle un peu, il est en colère. En équilibre sur un pied, le costaud lui fait face : « En quoi ça te regarde ? C'est moi qui lui étais rentré dedans, pas toi. Non ? » Son interlocuteur le regarde sans répondre, d'un air dégoûté. Puis, comme avec regret, il lâche : « Je ne suis pas certain que tu guérisses, tu sais. Parce que ta vraie blessure, c'est pas ta fichue cheville… » Pour appuyer ses paroles, Zacharie se dresse de toute sa taille et approche son visage de celui de Raphaël : « C'est que t'es devenu faible ! »

Une voix se fait entendre derrière eux. « Tout va bien, les garçons ? » Sur le seuil de la classe, Mme Roumier les dévisage sévèrement. Cette fois-ci, c'est certain, elle a tout entendu. Raphaël en profite pour adresser un grand sourire à Zacharie. « Je crois que, toi et moi, on n'a pas la même conception de la faiblesse, Zac. » Puis, plantant là le grand dadais, il lui tourne dos et entame laborieusement sa descente de l'escalier. Il vient de dire adieu à son statut de caïd, il le sait. Peut-être même s'expose-t-il désormais à quelques mauvais coups de la part de son ex-compère. Pourtant… qu'est-ce qu'il se sent léger !

CHAPITRE DIXIÈME

Trois semaines ont passé, et le taxi de Raphaël a retrouvé ses habitudes. Après l'école, le lundi soir, il le dépose sur le parking des Gravanches. L'avantage, c'est que ce n'est pas la peine de passer par le vestiaire. Le garçon porte déjà un jogging, un sweat de l'ASM… et une seule basket, son autre pied étant encore pris dans son plâtre pour quelques jours.

Ce soir, il est légèrement en retard. Ses coéquipiers s'échauffent déjà sur le terrain, et dans le froid leur respiration se condense en petits nuages. « Bonjour Fred ! Désolé, je ne suis pas en avance. » L'entraîneur l'accueille avec un grand sourire. « Salut Raph, bienvenue ! Pas de problème, on commence juste. Tu prends le même atelier que la semaine dernière ? » Le garçon acquiesce. Sa zone sera donc l'en-but, de l'autre côté du pré. D'ailleurs, la vision un peu absurde d'une chaise au milieu du rectangle derrière les poteaux lui arrache un petit rire. Une attention qui le touche : les éducateurs ont pitié de lui. Et au moins, il se sent attendu ! Comme il se traîne comme un escargot pour traverser le terrain, ses amis le dépassent en le chambrant gentiment. Raphaël fronce les sourcils et fait semblant de se mettre en colère : « Vous allez voir dans cinq minutes, tas de bons à rien ! J'espère que vous aimez les pompes ! »

Un moment plus tard, le costaud enfin assis a récupéré ses troupes : les plus récentes recrues des jaunards, celles qui ont besoin d'un peu de polissage technique. Ils sont cinq, regroupés autour de lui. Et Alma, bien sûr, les dépasse d'une tête. « Ce soir, les amis, on va travailler l'annonce du sens de jeu. » Le costaud se tourne vers Alexis, les bras croisés et la mine concentrée. « Est-ce que tu peux nous rappeler ce qu'est le sens du jeu ? » Le petit brun réfléchit une seconde :
– C'est déplacer le ballon en se faisant des passes toujours dans la même direction ?
– Exactement. C'est ce que l'on fait naturellement, sur le terrain. Notamment quand un joueur de notre équipe est plaqué. On reprend dans le même sens.
Raphaël baisse un peu la voix pour forcer son auditoire à l'écouter attentivement : « … Et c'est là que ça devient amusant. » Ses yeux

brillent, et il en profite pour s'appuyer sur ses béquilles et se lever. « Pour tromper l'adversaire, il faut savoir parfois renverser le sens du jeu. Pour cela, vous pouvez appeler le ballon "extérieur" si vous êtes un cran plus loin dans le sens du jeu, ou "intérieur" si vous vous présentez à rebours du sens du jeu. » L'éducateur en herbe s'interrompt, et jette un regard autour de lui. Alma hoche la tête, elle a compris. Il en est moins certain quand il regarde Alexis, puis François et les deux autres. Alors, brusquement, il tape dans ses mains. « Allez, on met ça en place ! »

Impossible pour lui de se déplacer avec efficacité, mais patiemment il place ses coéquipiers en ligne et réexplique le mouvement. Dix minutes plus tard, la balle circule entre eux et les premières annonces fusent. Dans le désordre, bien sûr, avec pour conséquence une avalanche de ballons tombés… Pas grave, l'entraînement sert à ça ! Raphaël réexplique, se déplace, analyse. Il conseille, replace certains joueurs. Encore quelques minutes, la fin de l'atelier approche. « D'accord, je crois que vous avez compris l'essentiel. » Le costaud vérifie sa montre : « Une chose encore. Quand le ballon est arrêté, ou que vous jouez une remise en jeu, il existe une manière d'annoncer aux autres la zone du terrain où vous voulez attaquer. » Raphaël promène un regard interrogatif autour de lui, mais aucun de ses équipiers ne tente de réponse. « En fonction de l'endroit où se trouve le point de départ du ballon par rapport à la largeur du terrain, on annonce "côté ouvert" dans la direction où le champ est le plus large, ou "côté fermé" pour indiquer le couloir qui vous sépare de la touche la plus proche. » Cette fois, les jaunards ont l'air d'avoir compris. « Ce genre d'indication peut vous faire gagner un match ! Elle permet d'anticiper et de se placer au soutien du joueur qui recevra le ballon. Ou bien de prendre vous-même l'initiative du jeu ! »

L'œil d'Alma pétille un peu d'ironie quand, comme à l'école, elle lève la main. Elle, la transformation de Raphaël en éducateur n'a pas fini de la faire rigoler...
– J'ai aussi entendu parler de « grand côté ». C'est pareil ?
– Oui, c'est la même chose. Grand côté ou côté ouvert, et petit côté ou côté fermé.
– Merci, coach.
– Oh, ça va, hein...

Le sifflet de Fred retentit, signifiant la fin des ateliers. Les jaunards remercient Raphaël et se dirigent vers le centre du terrain. Pour l'opposition qui va suivre, ils vont pouvoir mettre en pratique ce nouveau code... Un petit pas de plus dans leur maîtrise de la langue du rugby. Raphaël passe le bras dans le dossier de la chaise. Pendant que les autres jouent, son défi à lui sera de rapporter son siège avec ses béquilles. Et sans tomber dans la boue !

Vingt minutes plus tard, Fred rigole en le voyant approcher : « Sympa, ton maquillage ! » Il faut dire que le costaud a raté son pari de tout à l'heure, et en plein milieu d'une flaque de bouillasse… Heureusement, son plâtre était protégé. Mais ce n'est pas le cas de son visage. Il doit ressembler à Double-Face, le méchant dans Batman ! « Coach, c'est moche de se moquer des éclopés ! » Son entraîneur lui envoie une petite tape sur l'épaule. Comme à chaque fin d'entraînement, alors que les jaunards sont rentrés au vestiaire, Raphaël fait son compte-rendu. Important pour Fred, qui lui a confié ses joueurs les plus inexpérimentés pour qu'il leur apprenne quelques-uns de ses « trucs ».

« Alors, comme ça, tu leur as appris à jouer petit côté… » Le costaud lève un sourcil. Il ne comprend pas le sens de la remarque de l'entraîneur. Justement, celui-ci le fixe comme s'il attendait une réaction de sa part. « Sans vouloir t'offenser, Raph, depuis que je te connais, tu es plutôt un amoureux du grand côté… De l'espace, de la lumière, là où l'on peut te voir. » Le costaud ne trouve rien à répondre à ça. Il sait que Fred a raison, même si cela le blesse un peu. Alors il baisse la tête. Mais la main de Fred se pose sur son épaule, et quand le garçon croise de nouveau son regard, il s'aperçoit que l'adulte le fixe avec une immense bienveillance : « C'est justement pour ça que je t'ai confié cet atelier. Tu croyais qu'il n'y avait que tes équipiers qui apprendraient quelque chose ? Moi, je crois que tu es en train de découvrir ce que veut vraiment dire "jouer petit côté"… Non ? »

Plus tard, dans le taxi silencieux qui le ramène chez lui, Raphaël tourne dans sa tête les derniers mots de son entraîneur. Depuis qu'il s'occupe des jeunes recrues de l'ASM, il sent chaque fois battre en lui le désir profond de partager son expérience. De faire progresser ces novices pour leur rendre accessibles les secrets du jeu. Leur apprendre à jouer ensemble, et à tenir la place qui leur revient dans le grand tout de l'équipe. Souffler délicatement sur leurs ailes pour les aider à décoller... Dans le noir, le costaud sourit pour lui-même. Il a donné tête baissée dans le piège de Fred. Dire qu'il a cru que l'entraîneur lui tendait un os à ronger pour le faire patienter jusqu'à sa guérison ! En fait, le garçon vient de recevoir sa plus grande leçon de rugby. Et elle vaut à elle seule des milliers d'heures passées à peaufiner en solitaire son jeu au pied : jouer petit côté, c'est jouer avec humilité, mais surtout faire jouer les autres. Se mettre au service des petits, des moins bons, des timides... Les embarquer dans le mouvement, leur permettre de s'exprimer, les inciter à tenter. Et, à la fin, gagner avec eux.

Quand la voiture freine devant le porche sombre, Raphaël se demande pour la millième fois s'il va guérir. Certes, les dernières nouvelles sont encourageantes. Son cartilage est en voie de reconstitution et le médecin est optimiste. Est-ce qu'il jouera un jour sur la pelouse du Michelin ? Bien sûr, il en rêve encore. Et peut-être même qu'il y arrivera. Mais, à l'instant de sortir du taxi, le garçon se surprend à prendre une décision : il ne va pas attendre d'être professionnel pour jouer pleinement au rugby. Au contraire, ça commence maintenant. Désormais, il prendra soin de chacun de ses équipiers pour leur permettre de donner le meilleur d'eux-mêmes.

***

Jamais Raphaël n'aurait cru devoir stresser davantage à l'extérieur du terrain que dessus. Et pourtant… Appuyé à la main courante, le costaud se ronge les ongles et essaie de ne pas trop laisser paraître sa tension. Évidemment, Caroline se moque gentiment de lui. Au moins, elle lui a rendu ses béquilles ! Sa mauvaise blague du matin, quand le garçon a bien cru qu'il allait la tuer… « Je dois prendre un appel, mes chéris. Je reviens ! » Maman leur adresse un geste de la main tout en s'éloignant un peu. Sa mère à un tournoi de l'ASM… C'est la première fois, et l'ironie est que son fils n'est même pas sur le terrain. Le costaud se passe la main sur les yeux en souriant. Sa vie est devenue n'importe quoi, non ?

C'est un jour un peu particulier pour l'ASM, qui reçoit, à l'occasion du match de Top 14 opposant les deux clubs, l'école de rugby du CA Brive Corrèze. Et le derby, chez les grands comme chez les petits, sent la poudre. Dès leur descente du car, les jaunards ont pu apprécier les gabarits impressionnants de leurs adversaires du jour. Même s'il est prévu que les enfants se retrouvent ensuite au Michelin pour assister ensemble au match du championnat, Fred a immédiatement prévenu ses troupes : les Brivistes ne sont pas venus faire de la figuration. Il va falloir plaquer dur et « s'y filer », comme on dit en Ovalie !

Dès l'entame, c'est la catastrophe. Un essai, puis rapidement deux, placent les visiteurs dans une dynamique très favorable. Les coups de boutoir d'Ethan, malgré tous ses efforts, ne suffisent pas. Et il faut toute la vitesse de Simon pour sortir en touche in extremis un adversaire qui filait marquer… Juste avant la mi-temps, sur une passe risquée d'Alma, Alexis accélère, slalome dans la défense adverse et marque. Ouf, plus qu'un essai de retard. Mais la différence de physique semble si écrasante que Fred a besoin de tout son talent d'entraîneur pour remonter le moral des jaunards. Raphaël, sur ses béquilles, l'écoute en silence. Il a beaucoup crié depuis le début du match, mais il ne sait pas si ses conseils ou ses encouragements ont servi à quelque chose.

À la reprise, les deux équipes se neutralisent un moment. Les noir et blanc sont toujours aussi puissants, mais l'ASM a modifié sa manière de jouer : elle cherche résolument l'évitement. Et, après deux ballons tombés, les espaces commencent à apparaître dans la ligne de défense adverse. Un plaquage raté, et un jaunard plonge dans l'en-but adverse. Les deux équipes sont à égalité ! Laquelle des deux va craquer avant la fin ? Les vagues brivistes se déploient sur le terrain, se fracassant les unes après les autres sur la défense de l'ASM. La digue tient encore, mais pour combien de temps ? Raphaël le sent, ses coéquipiers épuisés sont au bord de la rupture… Auront-il encore la force de faire mentir la balance ?

Nouvel assaut, nouvelle série de passes des Brivistes. Mais l'un d'eux rate le ballon, sur lequel plonge Alexis comme un mort de faim. Le chronomètre court, il reste une poignée de secondes pour éviter le match nul. À toute vitesse, les jaunards prennent position grand côté. Pourtant, alors que Simon s'apprête à jouer le ballon, un hurlement de Raphaël survole le terrain : « Petiiiit ! » Le rouquin avise le grand Ethan, lancé côté ouvert. Pourtant, il change brusquement d'appui, fait demi-tour et se précipite dans le côté fermé… Pour se retrouver face à un golgoth adverse. Il lui faut une demi-seconde pour fixer et donner le long de la touche à François. Le petit brûle toutes les forces qui lui restent pour allonger la foulée… et s'écrouler dans l'en-but briviste ! L'arbitre valide l'essai et, aussitôt après, siffle la fin du match.

S'il le pouvait, Raphaël sauterait de joie. Heureusement, Caroline s'en charge pour deux, hurle et se rue aussitôt sur le terrain pour féliciter Alma. Le costaud se dit qu'en restant à l'écart, il est à sa place. Aujourd'hui, il n'était pas sur le terrain. C'est à l'équipe de fêter sa victoire, elle le mérite. Le garçon veut se retourner pour s'éloigner, mais se cogne le nez dans un mur. « Oh, désolé petit... Ça va ? » Le géant blond qui lui tend la main pour l'aider à se relever s'excuse de nouveau. Le temps pour Raphaël de recoiffer sa mèche, et il le reconnaît… Face à lui, Aurélien Rougerie, ancien trois-quarts de l'ASM, se met à rire. Puis il se penche vers le garçon et, sur le ton de la confidence, lui glisse à l'oreille : « Au fait, bravo pour ton annonce, tout à l'heure. Ce dernier essai, c'est le tien ! » Et, sur un clin d'œil, le colosse s'éloigne vers la tribune.

Quand Fred rejoint Raphaël, le costaud en a encore les oreilles qui bourdonnent et des étoiles dans les yeux. « Cette fois, je ne te laisse plus le choix, Raph : je t'embauche définitivement comme adjoint ! » Le garçon fait semblant de réfléchir un instant, puis, secoue la tête en souriant : « Désolé, coach. Si je me dépêche pas de revenir dans l'équipe, ils vont devenir tellement bons qu'ils ne me reprendront jamais... »

Au même moment, le garçon se sent soulevé de terre par derrière. Sidéré, il se retrouve perché sur les épaules d'Ethan. Autour d'eux, le reste de l'équipe chante et danse, toute à la joie de la victoire. Et Simon soudain s'avance vers lui. Il tend haut les bras pour lui transmettre une espèce de paquet informe. Après une seconde de stupéfaction, et un regard vers ses coéquipiers qui l'observent en rigolant, Raphaël déchire enfin l'emballage. Pour en sortir... « Un... un serre-tête ?! » Un sourire espiègle apparaît sur son visage : « Je vois, je vois... » Quand il place le demi-cercle de plastique sur sa tête, une ovation agrémentée d'une explosion de rires s'élève de la petite troupe.

C'est le moment que choisit Alma pour lever discrètement le nez vers lui. Et lui murmurer : « Merci, Raph. Merci pour tout ! »

Avec les « Mômes de l'ASM », découvrez
avec des yeux d'enfants ce sport extraordinaire qu'est le rugby !
À l'ombre des volcans d'Auvergne, au sein du mythique club de l'ASM,
rejoignez l'équipe d'Alexis, Alma, Raphaël et Maxime…
Et accrochez-vous, ça va secouer !

Quatre romans, quatre personnages, un seul univers :
une série dont on peut lire les tomes dans n'importe quel ordre !

www.editions-baribal.com

AYMERIC JEANSON
LES MÔMES DE L'ASM
ALEXIS
PREMIER SOUTIEN
Baribal ÉDITIONS

AYMERIC JEANSON
LES MÔMES DE L'ASM
ALMA
FEINTE LA PASSE
Baribal ÉDITIONS

AYMERIC JEANSON
LES MÔMES DE L'ASM
RAPHAËL
JOUE PETIT CÔTÉ
Baribal ÉDITIONS

AYMERIC JEANSON
LES MÔMES DE L'ASM
MAXIME
PART AU RAS
Baribal ÉDITIONS

Aymeric Jeanson est auteur
et éditeur, mais surtout joueur
de rugby depuis trente ans.
Avec les « Mômes de l'ASM »,
il puise dans ses racines
auvergnates pour transmettre
aux enfants sa passion
pour la balle ovale.

Stan Silas est dessinateur
et auteur de bande dessinées.
Il publie aussi régulièrement
des dessins dans les magazines
jeunesse, et habite en Bretagne.
Et, avant les « Mômes de l'ASM »,
il ne connaissait rien
au rugby…